U0544379

“十三五”国家重点出版物出版规划项目

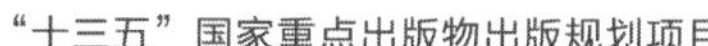

知识产权经典译丛（第4辑）

国家知识产权局专利复审委员会◎组织编译

商业秘密资产管理（2016）

——信息资产管理指南

[美] 马克 · R. 哈里根
[美] 理查德 · F. 韦加德 ◎著

余仲儒◎组织翻译

王霄蕙　等◎审校

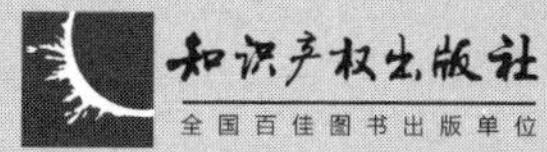

图书在版编目（CIP）数据

商业秘密资产管理：2016：信息资产管理指南/（美）马克·R. 哈里根（R. Mark Halligan），（美）理查德·F. 韦加德（Richard F. Weyand）著；余仲儒译. —北京：知识产权出版社，2017.10（2020.6 重印）

书名原文：Trade Secret Asset Management 2016

ISBN 978 - 7 - 5130 - 5128 - 6

Ⅰ. ①商… Ⅱ. ①马…②理…③余… Ⅲ. ①商业秘密—保密法—研究—美国 Ⅳ. ①D971.234

中国版本图书馆 CIP 数据核字（2017）第 223876 号

内容提要

在介绍美国商业秘密保护法案（2016）的基础上，本书系统介绍了商业秘密的概念、性质、特征、分类、保护、泄露和防范等内容，同时在附录部分罗列了与商业秘密相关的法律和案例。可推荐作为各高校法学教师和学生的参考用书。

责任编辑：卢海鹰　王玉茂　　**责任校对**：潘凤越

版式设计：王玉茂　　**责任出版**：刘译文

特约编辑：谭　增

知识产权经典译丛

国家知识产权局专利复审委员会组织编译

商业秘密资产管理（2016）

——信息资产管理指南

［美］马克·R. 哈里根　［美］理查德·F. 韦加德　著

余仲儒　组织翻译

王霄蕙　等审校

出版发行：知识产权出版社有限责任公司　　网　址：http：//www.ipph.cn

社　址：北京市海淀区气象路 50 号院　　邮　编：100081

责编电话：010 - 82000860 转 8541　　责编邮箱：wangyumao@cnipr.com

发行电话：010 - 82000860 转 8101/8102　　发行传真：010 - 82000893/82005070/82000270

印　刷：三河市国英印务有限公司　　经　销：各大网上书店、新华书店及相关专业书店

开　本：720mm×1000mm　1/16　　印　张：12.5

版　次：2017 年 10 月第 1 版　　印　次：2020 年 6 月第 2 次印刷

字　数：243 千字　　定　价：60.00 元

ISBN 978-7-5130-5128-6

京权图字：01-2017-5998

序

当今世界，经济全球化不断深入，知识经济方兴未艾，创新已然成为引领经济发展和推动社会进步的重要力量，发挥着越来越关键的作用。知识产权作为激励创新的基本保障，发展的重要资源和竞争力的核心要素，受到各方越来越多的重视。

现代知识产权制度发端于西方，迄今已有几百年的历史。在这几百年的发展历程中，西方不仅构筑了坚实的理论基础，也积累了丰富的实践经验。与国外相比，知识产权制度在我国则起步较晚，直到改革开放以后才得以正式建立。尽管过去三十多年，我国知识产权事业取得了举世公认的巨大成就，已成为一个名副其实的知识产权大国。但必须清醒地看到，无论是在知识产权理论构建上，还是在实践探索上，我们与发达国家相比都存在不小的差距，需要我们为之继续付出不懈的努力和探索。

长期以来，党中央、国务院高度重视知识产权工作，特别是十八大以来，更是将知识产权工作提到了前所未有的高度，作出了一系列重大部署，确立了全新的发展目标。强调要让知识产权制度成为激励创新的基本保障，要深入实施知识产权战略，加强知识产权运用和保护，加快建设知识产权强国。结合近年来的实践和探索，我们也凝练提出了“中国特色、世界水平”的知识产权强国建设目标定位，明确了“点线面结合、局省市联动、国内外统筹”的知识产权强国建设总体思路，奋力开启了知识产权强国建设的新征程。当然，我们也深刻地认识到，建设知识产权强国对我们而言不是一件简单的事情，它既是一个理论创新，也是一个实践创新，需要秉持开放态度，积极借鉴国外成功经验和做法，实现自身更好更快的发展。

自 2011 年起，国家知识产权局专利复审委员会携手知识产权出版社，每年有计划地从国外遴选一批知识产权经典著作，组织翻译出版了《知识产权经典译丛》。这些译著中既有涉及知识产权工作者所关注和研究的法律和理论问题，也有各个国家知识产权方面的实践经验总结，包括知识产权案件的经典判例等，具有很高的参考价值。这项工作的开展，为我们学习借鉴各国知识产权的经验做法，了解知识产权的发展历程，提供了有力支撑，受到了业界的广泛好评。如今，我们进入了建设知识产权强国新的发展阶段，这一工作的现实意义更加凸显。衷心希望专利复审委员会和知识产权出版社强强合作，各展所长，继续把这项工作做下去，并争取做得越来越好，使知识产权经典著作的翻译更加全面、更加深入、更加系统，也更有针对性、时效性和可借鉴性，促进我国的知识产权理论研究与实践探索，为知识产权强国建设作出新的更大的贡献。

当然，在翻译介绍国外知识产权经典著作的同时，也希望能够将我们国家在知识产权领域的理论研究成果和实践探索经验及时翻译推介出去，促进双向交流，努力为世界知识产权制度的发展与进步作出我们的贡献，让世界知识产权领域有越来越多的中国声音，这也是我们建设知识产权强国一个题中应有之意。

申长雨

2015 年 11 月

《知识产权经典译丛》
编审委员会

翻译和审校

（按章节顺序排列）

翻译

高志芳　（第 1 ~ 3 章）

朱世菡　（第 4 ~ 5 章）

张永华　（第 6 ~ 7 章）

刘桂明　（第 8 ~ 9 章、第 11 章）

刘通广　（第 10 章）

余仲儒　（第 12 ~ 15 章）

朱世菡　（第 16 章）

高东辉　（附录 A. 1 ~ A. 4）

王贞华　（附录 B. 1 ~ B. 2）

秦　奋　（附录 B. 3）

刘通广　（附录 B. 3 ~ 附录 E）

校对

高东辉　（第1～3章）

王贞华　（第4～5章）

秦　奋　（第6～7章）

刘通广　（第8～9章、第11章）

刘桂明　（第10章）

高志芳　（第12～15章）

余仲儒　（第16章）

朱世菡　（附录A.1～A.4）

王霄蕙　（附录B.1～B.2）

刘桂明　（附录B.3）

余仲儒　（附录B.3～附录E）

审校

王霄蕙　余仲儒　王贞华

前　言

《商业秘密资产管理（2016）》旨在为公司员工、公司所有者和律师提供一本关于鉴别和管理商业秘密知识产权的基本问题的速成教程。本书内容全面，足以让读者了解商业秘密专有信息的基本性质及适合的管理方式。本书旨在帮助需要了解商业秘密事项的律师和非律师读者，使其在公司履行好应尽职责。本书将为读者提供与法律顾问/公司法务有意义地讨论商业秘密事项所需的词汇和概念框架。

本书分为四个部分。第Ⅰ部分包括第1章至第4章，定义了商业秘密信息，讨论了使用商业秘密在法庭上的辩护方式，在一定程度上考虑了信息中的商业秘密财产权可能丧失的多种方式。

第Ⅱ部分包括第5章至第11章，详细讨论了商业秘密信息中极其重要的安全性问题，包括保护专有信息免受外部和内部威胁，建立商业秘密文化，监控公共领域的商业秘密信息，以及经常被忽视的流入安全问题。这部分还包括国内外商业秘密信息盗用嫌疑人的特征描述。

第Ⅲ部分包括第12章至第14章，讨论了商业秘密的会计核查，合理管理专有信息的最新发展，包括商业秘密的清查、鉴定、分级、评估和报告，以及商业秘密的生命周期管理。

第Ⅳ部分讨论了商业秘密资产管理的未来发展。第15章讨论了《商业秘密保护法（2016）》，2016年初签署成为法律，包括其通过的驱动因素、法案条款，以及我们未来对商业秘密管理影响的观点。第16章讨论了商业秘密资产的自动化管理，其管理方法、好处及对未来的影响。

附录包括相关法律文本和商业秘密案例的法院判决。其中还包括许多读者特别感兴趣的典型制造企业的商业秘密详尽清单，以及商业秘密离职面谈表格范例。

马克·R. 哈里根

伊利诺伊州内珀维尔市

2016年2月15日

rmarkhalligan@ fisherbroyles. com

理查德·F. 韦加德

印第安纳州布卢明顿市

2016年2月15日

weyand@ rcn. com

译者的话

2016年4月4日，美国参议院以87：0一致通过美国联邦《保护商业秘密法案》（Defend Trade Secrets Act of 2016，DTSA），亦称美国《2016保护商业秘密法案》，4月27日，美国众议院以410:2通过，5月11日下午，经奥巴马总统签署，正式生效。这个法案的实施，不仅有利于美国商业秘密立法体系的完善，有利于保护美国公司的商业秘密，而且将直接影响到产品出口美国的中国外贸企业以及在美国投资经营的中国企业的商业秘密保护，中国企业必须掌握美国商业秘密法案知识，提高商业秘密保护意识，增强商业秘密保护能力，应对商业秘密恶意诉讼，这也促使在美国芝加哥马歇尔法学院学习过的我们有意向国内同行介绍有关美国商业秘密法案方面的书籍。本书的作者之一马克·R. 哈里根是译者在美国芝加哥马歇尔法学院学习时教授《商业秘密》课程的教授，在美国商业秘密法律方面有一定的影响力和地位。我们相信这本书的内容一定会给大家耳目一新的感觉，是国内同行值得学习的教材之一。

由于我们的水平有限，译稿中难免存在这样或那样的问题，望读者批评指正。

在进行这项工作时，受到了很多同志的帮助，尤其是知识产权出版社副总编王润贵、责任编辑卢海鹰、王玉茂的支持和帮助，在此一并致谢。

译　者

2017年6月

目　录

第Ⅰ部分　法　律

第Ⅱ部分　安　　全

第Ⅲ部分　会　　计

第Ⅳ部分　未来发展

第 I 部分

法　　律

在法律中，商业秘密是最难理解和最难以下定义的概念之一。

——美国联邦第五巡回上诉法院

第 1 章
什么是商业秘密？

概　　述

通常，公司的资产由有形资产和无形资产两部分组成。无形资产包括商业信誉资产和知识产权资产两部分，其中，知识产权包括版权、商标权、专利权和商业秘密。其中，只有专利和商业秘密保护创意（idea）。商业秘密是一种信息，该信息具有价值，但在商业领域不被公众所知，而且该信息的拥有者要采取适当的措施保持其秘密状态。商业秘密可以存在于公司运转过程中的各个方面，同时包括那些在公司运转过程中未被积极使用的信息和不起作用的信息。当商业秘密被公开或没能采取合理措施保护该信息处于保密状态时，商业秘密的经济价值就有可能被彻底破坏。

有形资产和无形资产

公司的资产由有形资产和无形资产两部分组成。有形资产包括该公司拥有的实物资产和财务资产两部分，这些是能够根据现行的财务方法计算的资产。无形资产包括公司的信誉及其产品信誉，也包括公司拥有的知识产权，这些是不能够根据现行的财务方法计算的资产。

有形资产中的实物资产包括土地、建筑物、车辆、家具、办公设备、制造设备、零部件和产品库存。有形资产中的财务资产包括银行存款金额、股票、债券和有价证券总存量，欠公司的贷款、非集资的较少的应收款（accounts receivable less allowance for non－collection）、保险单的剩余保险费额。

无形资产包括称为商誉的公司信誉以及称为品牌的产品信誉。无形资产也包括公司的知识产权。知识产权包括版权、商标权、专利权和商业秘密四类。

知识产权

版权是一种作者享有控制其原创作品复制、改编、发行、表演和展览的法定权利。版权法只保护作品表达的原创性，而不保护其中的思想。思想的表达可以是书面文字形式，也可以是绘画、摄影作品、雕塑或其他形式。在美国，作者从完成作品那一刻开始，可以通过国会图书馆注册，从而依照联邦法得到保护。最重要的是，版权只保护表达的方法，而不保护表达的思想内容。特别需要说明的是，关于思想，文学作品或绘画中表达的思想不能通过版权得到保护。

商标是指任何识别来源的设计，例如与产品或与服务一起使用的标志或者符号。商标可以采用文字、名称、符号、标志、数字、字母、颜色甚至气味的形式。在美国，可以向联邦政府申请注册商标，根据联邦法律获得保护，或者也可以不注册，根据习惯法获得保护。同样要强调一下，最重要的是，商标只保护来源标识而不保护思想。

专利是一种描述一项新发明的官方证书。发明人向联邦政府申请专利，联邦政府通过单方实质审查来确定该项发明是否满足专利的规定，包括该发明是否具备新颖性、实用性和非显而易见性。专利的拥有者被授予在一定期限内排除其他任何个人或企业制造、使用、销售或许诺销售受专利保护的发明。专利期限届满后，该专利进入公共领域，任何人都可以无偿使用。专利是我们讨论的第一个保护思想的知识产权权利。

广义上说，商业秘密是公司拥有的保护内部信息作为秘密的权利。商业秘密不像版权、商标权和专利权那样，它没有正式的审查程序，并且也不用向政府申请注册。商业秘密像专利一样保护思想，而且每项专利的前身都是商业秘密。商业秘密保护适用于任何具有很高价值的，能够为商业秘密拥有者在市场领域带来现实和潜在的竞争优势的信息。商业秘密的保护比专利保护要更为广泛，因为商业秘密不需要具备专利授权所需的新颖性、实用性和非显而易见性。同时，商业秘密也不必像专利一样必须在申请文件中公开全部信息，经过一定时间后也不会像专利一样进入公共领域。

商业秘密的定义

在美国，尽管绝大多数州都采用了《统一商业秘密法》（Unifrom Trade Secrets Act，UTSA），然而每个州还是颁布各自不同的法律来保护商业秘密。在附录 A.1 中包含了 UTSA 的全文。窃取商业秘密的行为也是根据 1996 年《经济间谍法》（Economic Espvonage Acts，EEA）视为联邦犯罪行为。EEA 的全文包含在附录 A.3 中。

UTSA 对商业秘密进行了定义：

“商业秘密”是指信息，包括配方、样式、编辑产品、程序、设备、方法、技术或工艺，其中这些信息：

(i) 由于不被他人所公知且不容易被他人用正当手段确定，而他人可从其披露或使用中获取经济价值，因而具有实际或潜在的独立经济价值，并且

(ii) 是在保持其保密性的情况下合理努力的主题。

首先要注意的是定义的广度：商业秘密是指信息。公司拥有的任何信息，只要满足上述两个条件，都可以作为商业秘密。在公司拥有的潜在的任何信息中，商业秘密的范围比专利权、版权和商标权更广泛。

对于可以作为商业秘密的信息需要满足的第一个条件是“由于不能被他人所公知……而具有实际或潜在的独立经济价值”。在此，我们有了作为资产方面的商业秘密，这种资产性恰好在定义中体现：它必须具有经济价值。同时也要注意到，经济价值是依赖于不被他人所知的信息。也就是说，信息一旦公开将破坏商业秘密的价值，这一点，我们会在后面详细论述。

同时也要注意到，定义中并没有要求商业秘密在公司的经营活动中被积极地使用。假设公司发明了一种在产品生产过程中可能使用新的生产工艺，但是另一个新的生产工艺效果更好。由于第二个生产工艺比第一个生产工艺效果更好，第一个生产工艺从没有被使用过，但这两个生产工艺都可以作为商业秘密。第一个生产工艺可有助于使竞争对手不知道公司还有其他更好的生产工艺，由于这些竞争对手不知道第一个生产工艺（未使用），同时也不知道第二个是更好的生产工艺，因此公司获得经济利益。

对于可以作为商业秘密的信息需要满足的第二个条件是，“通过一定的努力……使其能保持秘密性”，也就是说，商业秘密的拥有者必须努力使其处于保密状态。这种努力不是可选择的。如果这种努力失败了，将破坏商业秘密权利和其中蕴含的商业价值。条文中的“在一定条件下合理的……”虽然是一个有争论的内容，尤其在诉讼中的某些特定案件中，但为了保持商业秘密的秘密性采取安全措施的必要性还是很明确的。

商业秘密的实例

对于绝大多数公司来说，提到商业秘密首先想到的就是那些与公司产品有直接关系的设计和制造。研究、开发以及工程设计的商业秘密可以包括实验室试验的结果、产品设计和制造设备的原型以及公司试验和测试方法。制造的商业秘密可以包括生产工艺、原材料和比例，以及供应商名称和合同条款。

但是公司的商业秘密也存在于其他方面。市场方面的商业秘密可以包括用户或消费者调查的结果、广告策划、折扣结构以及市场分析和预测。销售的商业秘密可以包括销售激励方案、目标客户或主要客户的合同信息、为提升销量的客户审核过程或特殊方案。金融和财会的商业秘密可以包括新设施的融资计划、季度财务分析和公布前的季度报表。

商业秘密也可包括那些不使用的信息，这些信息也称作“失败的技术秘密”。如果一个公司为一种新方法进行了 40 次配方试验全部失败，在第 41 次配方成功之前，所有前 40 次配方都可以作为商业秘密。这里的相关问题是，如果竞争对手知道了这 40 次配方是无效的，他将获得经济上的巨大利益，即在它们自己研究开发新方法时，能够节约为进行这 40 次配方试验所花费的时间和费用。如果对这些失败的配方采取合理的保密措施使其处于保密状态，根据商业秘密的定义，这些信息也满足作为商业秘密的要求。

最后，我们之前已经提到过，获得商业秘密保护不需要新颖性，实际上商业秘密通常是已知技术的组合。很容易理解的是，一个可以获得保护的商业秘密可以以已知要素组合形式存在并获得竞争优势。无论是现实存在或者潜在的，根本的考量原则是，由于信息对竞争对手保密从而具有经济价值。这些想法或信息不必是复杂的，本质上可以是简单的，但要满足商业秘密的要求，除非它在贸易中已经普遍被公众所知，或者在贸易中公众或者公知的资源中容易得到。

附录 C 包含了一个典型的制造公司的潜在商业秘密的详细清单。

小　结

商业秘密能够存在于公司的各个领域。商业秘密包括任何因没有被公众所知而具有经济价值，同时采取合理的措施保持其秘密性的信息。因此，商业秘密比版权、商标权或专利权涵盖了更为广泛的信息范围。商业秘密也包括那些不使用的信息和在公司运营中没有被积极使用的信息。一旦商业秘密被广泛披露，同时未能采取合理的保密措施，其具有的价值即被破坏。

第2章 商业秘密的性质和重要性

概　　述

专利和商业秘密的区别在于采取一种保护方法还是更多其他合适的保护方法，这取决于信息的性质以及公司的经营目标。商业秘密构成了公司的核心竞争力，并占据公司账面价值和市值之间差额的很大一部分。公司股东的价值也是极大地依赖于公司商业秘密的保密性和由此产生的价值。商业秘密窃取是一个巨大且日益严重的问题，很多公司没有意识到，因此也都未采取预防措施。

专利和商业秘密的区别和好处

商业秘密最为显著的特点可以通过与专利的对比看到。这两种知识产权都保护思想，但是有十分显著的差异。表2－1中归纳了最主要的区别。

首先，专利仅限于发明即能够制造具体的有形产品的装置和方法。配方、销售计划、财务业绩、供应方和客户名单、商业计划和其他重要的公司信息均不包括在内。但是，商业秘密可以包括公司拥有的任何信息。

申请专利的发明创造应当具备新颖性、实用性和非显而易见性。上述要求均不适用于商业秘密。商业秘密不必具备新颖性，因此公司的一些竞争对手也可能使用同样信息作为其商业秘密。商业秘密不必具备实用性，如我们所知所见，那些不成功的信息也可以作为商业秘密。最后，商业秘密也不必具备非显而易见性，它可以是公知步骤的组合。对商业秘密唯一的要求就是，它不被公众所知，同时公司采取了合理的措施保持其秘密性，由此可为公司带来竞争优势。

表 2－1　专利和商业秘密的区别

	专利	商业秘密
范围	发明	任何信息
要求	新颖性、实用性和非显而易见性	竞争优势来自于保密性，为了保持秘密性而采取一些措施
审查	政府审查员	无
公开	在申请文件中	永不
期限	20 年	无期限
公共领域	届满时	永不
费用	申请费和代理费	保持秘密性的费用
反向工程	禁止	允许
独立开发	禁止	允许

专利经专利审查员审查后由美国联邦政府授予专利权。授权之前，专利审查员应确保该发明创造是可专利的主题——能够制造具体的有形产品的装置和方法——具备新颖性、实用性和非显而易见性。当然还会对其他条件进行审查和规范，例如专利必须充分公开达到本领域技术人员能够重复再现该发明创造。政府部门对于商业秘密没有类似的审查。

专利申请时必须公开。这种公开必须详细到本领域技术人员能够重复再现该发明。同时，必须公开实现发明的最佳方法。发明人不能仅公开部分方案或者公开有瑕疵的实施方案，而将最好的实施方案秘而不宣。商业秘密对于公开没有要求。事实上，商业秘密的公开可能破坏在该信息中的商业秘密权。

专利被授予一定的保护期限，目前是自申请之日起 20 年。商业秘密没有期限的限制，只要能一直维持其秘密性，则商业秘密就能成功地无限期保持。专利期限届满之后，专利就会进入公共领域。从那一刻起，任何人都可以为了自己的目的使用该专利。商业秘密不会进入公共领域，可以被公司无限期地保留。

另外，通过美国专利商标局提交申请和进行专利审批时需要缴纳有关的申请费和代理费。如果想寻求世界范围内的保护，申请费和代理费会随着在国外审查机构提交申请而大幅增加。除了采取必要措施保持信息的秘密性以外，商业秘密没有其他的费用。

最后，关于对专利的反向工程和独立开发是被禁止的。也就是说，在专利的保护期内，任何针对该专利的反向工程和独立开发都要获得发明人和受让人的许可。商业秘密不提供这样的保护。如果信息可以通过产品的检测和反向工程被破解，则产品本身就构成了公开，该信息可以由反向工程实施人使用。另外，商业秘密在法律上是允许被独立开发或使用的。反过来，独立开发者可以根据自己的选择将其作为商业秘密或者将其公开。

这些区别强调了商业秘密的属性和其对公司的重要性。公司产生的大多数信息都没有资格获得专利保护，但通常这些信息却有资格获得商业秘密保护。专利在申请过程中必须向公众公开，并且在 20 年保护期限届满之日起进入公共领域，但是一项商业秘密能够永远保持秘密性。另外，由于专利制度的费用较高，许多公司的核心商业秘密因费用限制而不可能在全世界范围内获得专利的保护。

同时，如果某些信息通过产品能够被他人破解或进行反向工程，这样的信息就不能够作为商业秘密。更进一步说，如果信息有可能通过独立研究出来，将该信息作为商业秘密是比较困难的。

表 2－2 列出了确定是申请专利还是把信息作为商业秘密的决策因素。

表 2－2　申请专利还是作为商业秘密？

商业秘密	假如	该信息不属于可专利的主题
商业秘密	假如	该信息不具备新颖性、实用性和非显而易见性
商业秘密	假如	不要求被公开
商业秘密	假如	保护的期限要求超过 20 年
商业秘密	假如	无须支付专利申请费和代理费
专利	假如	根据产品进行反向工程是可能的
专利	假如	独立开发是可行的

商业秘密体现了核心竞争力

曾经一段时间，公司的发展目标经常体现在垂直整合、对供应和销售链的拥有和控制方面。随着时代的发展，逐渐清晰的是，一个可以使公司更好发展的战略是关注公司的核心竞争力和公司在某些领域拥有与众不同的能力使其在市场中充满竞争优势。这些核心竞争力来源于公司能够掌握在商业中如何满足市场需求的特有知识。

换句话说，公司拥有的核心竞争力就是公司拥有商业秘密带来的直接结果。

再来看看第一章商业秘密的定义："商业秘密是由于不被他人所公知……而具有实际或潜在的独立经济价值的信息。"公司拥有商业秘密信息，这种信息在市场中带给公司超越“他人”的竞争优势，并构成了公司的核心竞争能力。现在我们明白了为什么垂直整合的战略失败了：在公司获得整个从供应链到销售链的新商业运行中，公司并没有拥有运行这种商业所需要的商业秘密信息，跟那些已经拥有秘密的公司相比，这些就是明显的劣势。

垂直整合战略失败不是因为垂直整合的经济在理论上不存在，而是因为这些经济被商业秘密所赋予的巨大竞争优势淹没了。

账面价值与市值

为了正确理解商业秘密在现代公司中的价值为何不断增长，我们首先要对公司账面价值与市值、股票价值进行比较。1960 年前，大多数公司的股票价值中，绝大部分是包含在实物资产中，并计入其账面价值。土地、建筑物、设备和车辆的价值在旧经济公司中都占据了主导地位。

在今天的信息经济时代，许多公司的账面价值接近于 0。高科技公司租赁建筑、家具和计算机设备，没有实体工厂、生产设备或服务车辆，但却看到它们的股票交易每股高达几百美元，市值高达上百亿美元。在信息经济时代，必然是信息的价值推动股票价值。

据布鲁金斯学会的玛格丽特．布莱尔（Margaret Blair）报道，“根据调查显示，至少 50%，可能高达 85% 公司的资产和经济部门的其他价值资源不会出现在公司的账面上。在一些公司中，所说的‘账面’价值（公司资产的价值）和公司的市值之间的差距不大，但在其他一些公司里确实差距高达 95%。”她继续谈道，“新经济的信息需求已经远远超过传统核算体系所能表达的内容”。

公司账面价值与市值之间的差异在于公司无形资产的市面价值，在使用传统计算方法计算账面价值时，并没有考虑这些无形资产。这些无形资产价值的绝大部分都是由商业秘密构成的，而不是企业信誉、品牌或其他无形资产。商业秘密让谷歌超过像雅虎、美国在线和微软这样已经建立了良好的商誉和品牌的竞争对手，占据了搜索引擎领域的统治地位。正是商业秘密促成了谷歌的成功，进而提高了其商誉和品牌，并非商誉和品牌促成其成功。

截至 2005 年第 2 季度，谷歌账面价值是 1190 亿美元，其中 840 亿美元是现金、有价证券和应收账款，而地产、厂房和设备价值为 270 亿美元。同期谷歌的市值是 3600 亿美元，是其实物财产的 13 倍。其中，市值超过 2400 亿美元是完全无法用传统方法计算的。

商业秘密信息如果在公司价值中占主导地位的话，也有不利的方面。如果公司的商业秘密失去或泄露，公司的股票价值有可能就会大幅下降。在信息技术公司，商业秘密一旦失去或泄露，其账面价值难以对其股票价值进行安全保障。截至 2005 年第 2 季度，谷歌账面价值每股是 174 美元，而其股票交易价格是每股 525 美元。

公司一项商业秘密被新的更好的技术淘汰或者对由公司商业秘密带来的经济优势被市场重新评估，这些都会导致股票价格剧烈或突然下降。信息经济公司不能停滞不前，也不允许其商业秘密被小而精的竞争对手所淘汰。实际上，在国际化市场的创新性破坏中，需要公司自己完成这一过程。结果就是，当商业秘密信息被发现、使用到最终因公司内部又出现新的商业秘密而导致其被淘汰时，信息经济公司的商业秘密资产管理必然是处于动荡也是充满活力的环境中。

商业秘密被窃取的可能性

如果一个公司商业秘密信息的价值构成了股票价值的绝大部分，公司的商业秘密信息失去或被泄露会导致股票价值灾难性的下滑。你可能会问，“商业秘密信息怎么可能失去或被泄露?”答案是相当严峻的。

美国工业安全协会（ASIS）、普华永道会计事务所和美国商会进行的一年两次调查问卷 2002 年版分析显示：2000 年 6 月到 2001 年 6 月，美国最大型公司因专有信息所损失金额达 530 亿到 590 亿美元。这些损失是已上报、公司知晓且在调查问答中已承认的损失。由于大多数被调查的这些公司没有关于商业秘密被窃取的正式报告机制，这些数字完全可以假设是少报了。联邦调查局局长罗伯特·S. 穆勒三世（Robert S Mueller III）在 2003 年讲话中说，经济间谍每年带来的经济损失高达 2000 亿美元。

由美国国家反间谍执行办公室（ONCIX）出版的、向美国国会提交的关于“2004 年外国经济捐助和工业间谍年度报告”称，“在 2004 财政年度，来自近 100 个国家的私营和公共部门的外国个体想窃取美国的敏感技术”，但美国公司都没有意识到危险的存在。ONCIX 报告指出，“去年，大多数试图获取美国技术的外国公司使用了方便、便宜、低风险甚至有时是合法的工具和技术。在大部分案件中，国外的信息人员仅仅通过邮件、电话、传真、信件甚至是人员亲自来询问信息。”至于这种情况是否得到了改善，ONCIX 报告称，“反间谍委员认为，在未来几年中，外国对美国的敏感技术的需求不会下降。美国拥有世界多数最先进的技术资源，而外国公司依赖这些创新来提高自己工业的竞争力。”

虽然 ONCIX 关注外国企业的经济间谍，但美国公司称，在美国情报科学学会调查中显示，已有信息泄露的首要威胁来自公司的前雇员。表 2－3 是来自美国情报科学学会报告中的一份风险因素的完整排名。前雇员、现雇员和现场签署合同的人员在安全风险方面尤其会带来麻烦。如果可以产生竞争优势的商业秘密被用于公司运行中，公司就不能将商业秘密与雇员相隔离。商业秘密信息的使用需要公司必须将其公开给雇员。关于这一点我们后文会详细叙述。

表 2－3　与专有信息以及知识产权损失有关的危险因素

危险因素
前雇员
外国竞争对手
现场签署合同的人员
国内竞争对手
计算机黑客
销售商/供应商
现雇员
战略合作方
情报机关
代工生产/外包商
媒体

商业秘密信息损失是一个非常实际和持续性的问题，这一点是很清楚的，被信息驱动的股票价格会因此被置于风险之中。最奇怪的事情就是，当你正在看这本书时，你所在公司的商业秘密就有可能正在被窃取。

小　结

我们已经看到了专利和商业秘密在法律定义方面的区别，这些区别导致所选择的更合适的保护方法基于信息的本质和公司的目标。公司的商业秘密涉及公司的核心竞争力，它为公司提供了竞争优势的机会。公司商业秘密是公司账面价值和股票市值之间差异的主要原因，而这种差异使得股票价值极大地依赖于公司商业秘密的安全性和价值。现在公司商业秘密处于被窃取的危险中，这种危险是巨大并且是持续增加的，而大多数公司没有充分注意或者准备去应对这种危险。

第 3 章
如何保护商业秘密

概　　述

商业秘密只能通过诉讼来确认。为了成功确认商业秘密的权利，原告必须从以下四个方面来举证：存在商业秘密、是商业秘密的拥有者、被告知道和访问过商业秘密。根据商业秘密的法律定义来证明存在商业秘密，商业秘密的定义可参考《侵权法重述》（第 1 版）中规定的六个方面的考虑因素。雇主通常需要一份与该信息发明者签名生效的商业秘密转让协议。必须提供公司把该信息认定为商业秘密的通告。必须证明访问过商业秘密，排除以独立开发或者反向工程为由进行抗辩。

诉讼和 EONA 证据

既然商业秘密对公司和股票的价格具有极大价值且十分重要，我们必须了解如何保护商业秘密。特别是，如何实行商业秘密权利的法律保护？

确认商业秘密有效的唯一途径只能是通过诉讼。若法庭未裁决，信息中存在的商业秘密权利仍然处于单方宣称的但未被证实的状态。这和专利情况正好相反，专利权可以通过单方审查获得官方证书进行确权。商业秘密财产权没有这样一个正式的证实过程，从法律意义来说，直到通过诉讼才能确权。

商业秘密权利诉讼发生在声称的信息被侵占之后。商业秘密的拥有者作为原告提起诉讼，控告被告侵犯了该信息中原告拥有的商业秘密权利。在诉讼中，原告要想获得胜诉必须取得六个方面的证据。这些证据是相关联的，即它们必须同时被证明。如果这六个证据中的其中任何一个不能被证明，原告将面临败诉的可能。表 3 – 1 中详细列出了这六个证据。

表 3 – 1　在原告提起商业秘密侵占时获胜所需要的六个证据

六个证据	内　容
存在	该信息符合商业秘密的要求（例如商业秘密存在）
拥有者	原告拥有该信息的所有权
告知	被告有实际的、建设性或潜在的被通知该信息是处于商业秘密的状态
访问	被告已经访问过该商业秘密（例如被告没有独立研究该信息）
使用	被告已经使用或公开了该信息，或者该信息的使用或公开已经受到了威胁
损失	原告因被告使用该信息而遭受了损失，或者被告因此不正当获利

在这六个证据中，前四个证据被称作“EONA 证据”，对商业秘密而言这些都是独特的。相反，对专利而言，前四个证据是推定成立的。专利申请和审查的单方过程赋予了前两个证据的存在和所有权条件，而专利的公布也形成了后两个证据——告知和访问的条件。因此在专利诉讼中，只有对发明的使用、制造、使用、销售或许诺销售以及损失是需要被证明的。

商业秘密诉讼中的 EONA 证据——存在、所有权、告知和访问——代替了专利过程中的申请、审查和公布的步骤。由于事先没有进行正式的申请过程，在诉讼中，商业秘密的原告必须提交 EONA 证据来证实拥有商业秘密权。

特别需要在此指出，EONA 证据中每一个成功举证的能力都依赖于信息拥有者在商业秘密侵占行为发生之前所采取的行动。如果通过诉讼来纠正商业秘密侵占前信息财产管理中存在的不足，常常太迟了。这一点我们将依次在讨论每个证据时进行详细说明。

商业秘密诉讼期间所需要的后两个证据——使用和损失——与专利诉讼中需要证明的使用和损失非常相似，在此不再进行深入介绍。我们将重点讨论在诉讼中，利用 EONA 证据确认商业秘密权利的有效性。在诉讼中，若想成功地主张商业秘密权利，需要满足 EONA 证据要求，这也为商业秘密财产管理提供了最基本的条件。

存在 I：《统一商业秘密法》（UTSA）[1] 的定义

商业秘密侵占诉讼中，存在性证据要求原告证明信息满足了商业秘密状态和保护所要求的法律条件。商业秘密保护的法律要求在附录 A. 1《统一商业秘

[1] 1978 年《统一商业秘密法》（UTSA）。

密法》（UTSA）商业秘密定义中已经描述。事实上，它主要由四个部分组成：

（1）商业秘密是具有实际或潜在的独立经济价值；

（2）没有被他人广泛知晓（其他人能从该信息的公开或使用能够获得价值）；

（3）该信息不能被以正常的方式获取，其他人能从该信息的公开或使用获得价值；

（4）在保密性的环境下采取了适当的保密努力。

原告首先必须表明该信息具有经济价值。价值可以是现实的，即商业秘密在原告业务运转中实际使用，价值也可以是潜在的，即商业秘密在未来可能对于原告或被告或者他人均具有价值。进一步讲，价值必须来源于在商业中不被他人所知晓的信息。也就是说，由于该信息对被告或他人公开，导致该信息对原告具有的经济价值减少了，或者由于信息公开导致被告或者他人不公平获利。被告一般会辩称该商业秘密信息不具有经济价值，以及它具有的价值并不是来自于该信息的保密性，所以商业秘密存在的状态是不合适的。

其次，原告必须证明该信息没有被那些可能使用它的人广泛知晓。被告一般会争辩该信息已经被广泛知晓，所以商业秘密存在的状态是不合适的。在此，我们要特别指出的是，被告为了获得诉讼胜利，必须采取十分有利的证据来说明该信息在商业中已经被广泛知晓。仅仅陈述“每个人都知道该信息”是不够的。如果没有证据和专家证言表明该信息在商业中已经被广泛知晓，原告的诉求（该信息没有广泛知晓的）将获得支持。换句话说，如果该信息在商业中已经被广泛知晓，被告应该很容易在诉讼中提出有关的证据。

其次，原告必须证明该信息不能以正当手段获取。也就是说，如果没有原告的信息，涉案的商业秘密不能通过反向工程和独立研发获得。被告可能争辩该信息可不费力或在不访问涉案商业秘密信息的情况下独立开发出来。

最后，也是最重要的一点，原告必须表明他采取了“在现有条件下合理”的保密措施来保持该信息处于秘密状态。这就是事实上大部分商业秘密案件都可能败诉的原因。一旦知道信息拥有者没有采取合理措施保持该信息的秘密性，法庭则不会提供商业秘密保护。在安全措施方面出错、没有将信息作为秘密对待以及在保密关系边界外无意中公开信息，每种情况都足以破坏信息的潜在商业秘密状态。被告通常会要求原告公开其安全措施，在庭审中会质疑这些措施是否足以把信息财产作为商业秘密保护。

如果没有存在性证据，公司则很有可能丧失所有商业秘密的权利。在欧米伽诉科洛莫案件（Omega v. Chroma）中恰好发生了此情形。欧米伽的几个前雇员离开了公司，使用欧米伽的技术、生产和销售信息建立了一个竞争性的公司。其中，欧米伽前雇员掌握了欧米伽全部的商业运行信息。欧米伽起诉科洛莫盗用了它们的商业秘密信息。州法院发现，尽管该信息作为商业秘密被保护，但被告实际上已经使用了这些信息，欧米伽并没有告知并采取措施保护该信息处于秘密状态。因此，根据法律规定，该信息不满足商业秘密保护的条件，科洛莫可以自由使用这些信息。佛蒙特州高级法院维持了下级法院的判决，最终欧米伽失去了该信息的所有商业秘密权。欧米伽诉科洛莫案件判决的全文参见本书的附录 B. 2。

应该指出的是，法院不可能为所有公司和所有情况采用单一的安全措施标准。当情况发生改变时，在此条件下所采取的合理措施也可能改变。如果一个公司的黑客入侵事件引发了商业秘密信息窃取，随后公司所采取的合理安全措施一定包括禁止这类已知威胁。小零售店也不能像那些拥有大量员工和资源的大公司一样，采取更为复杂的保护程序。最后，为了满足合理化安全措施的标准，商业秘密信息自身内在价值对于满足合理性标准所采取必要安全措施的期望程度也将会有影响。

存在Ⅱ：《侵权法重述》（第 1 版）中规定的六个要素

《统一商业秘密法》（UTSA）是基于现代商业秘密的概念。在习惯法（不成文法）中商业秘密是一个有很长历史的定义，然而，在侵占诉讼中，适于确定商业秘密存在所考虑的因素比 UTSA 的历史还要长。1939 年《侵权法重述》（第 1 版）中规定了确定商业秘密是否存在时要考虑的六个要素，这六个要素在每一个商业秘密侵占诉讼中都要考虑。在表 3 - 2 中详细描述了这六个要素。下面将依次对每个要素进行讨论。

表 3 - 2　《侵权法重述》（第 1 版）中规定的六个要素

为商业秘密作出一个准确的定义基本上是不可能的。在确认特定信息是否为某人的商业秘密时必须要考虑的六个要素：
（1）在他从事的商业领域之外，该信息被知晓的程度
（2）在涉及的商业之内，该信息被雇员和其他有关人员知晓的程度
（3）为了保护该信息的秘密性所采取的安全措施的程度
（4）该信息对他和他的竞争对手的价值
（5）他在研发该信息时付出的努力或金钱
（6）该信息被他人获知或复制的难易程度

“在他从事的商业领域之外，该信息被知晓的程度”来自于 UTSA 定义中

的“没有被广泛知晓”这一条款。很明显，如果商业秘密在他从事的商业领域之外被广泛知晓，则有关商业秘密状态的争议会较弱。但是，对这六个要素的考量是宽泛的：不是一个“是”或“不是”的考量。如果一些竞争对手知道这个信息，同时将其作为商业秘密，而另外一些人没有，具有该商业秘密的公司还是会获得经济方面的优势。更进一步讲，即使所有的竞争对手都知道这个商业秘密并将其作为商业秘密，但是该信息没有被广泛知晓，对于那些想进入该领域潜在的竞争对手而言，不知道该信息仍是一个障碍，因此知道这些信息的公司同样会获得经济方面的优势。当然，这个因素的一个最佳情形是在该公司之外没有任何人知道这个信息。

“该信息被雇员和与其商业有关的他人知晓的程度”说的是另一个问题，我们将在第 7 章——“需要知道”的小节中进行讨论。这个因素考虑的是在公司内部保密的程度。它是基于这样的观察，即在公司内部有越多的员工知道该信息，则该信息可作为商业秘密的可能性就越小。有价值信息的公开因此应该被限制在那些需要知道该信息来完成他们工作的人。公司的秘书、收发室人员和门卫没有必要知道公司产品的秘密配方。在公司内部信息限制越多，则该信息就会越有可能作为商业秘密。

“所采取的保持该信息秘密性的安全措施程度”和 UTSA 定义中所要求的“采取合理措施保持该信息秘密性”的要求是相呼应的。再次强调，该信息拥有者采取的安全措施在决定该信息作为商业秘密是否成立时具有非常重要的作用。UTSA 要求采取的措施必须是“在现有条件下合理的”，《侵权法重述》中规定的六个要素再一次提供了一个可以变化的范围，而不是“是”或“不是”的考量。如果信息拥有者能够证明其采取了应尽的责任和适当的管理工作来保护该信息，则该信息更有可能满足商业秘密保护的要求。

“该信息对他和他的竞争对手的价值”回应了 UTSA 里面所要求的“具有独立的经济价值”。信息中所包含的商业秘密必须具有独立的经济价值。现代法律中的商业秘密，不要求该信息的拥有者实际上使用了该信息，而是要求信息必须具有现实或是潜在的经济价值。所说的经济价值可以依赖于这样的事实：如果没有该信息，竞争者必须花费额外的时间、努力或金钱。这点在失败的秘密中体现更为明显，几乎所有的竞争者都不得不去重复所有否定实验，把所有的死胡同要走一遍，而商业秘密信息拥有者已经知道这些实验都是不起作用的。

“在研发信息时付出的努力和金钱”是该信息具有商业价值的一种表述。商业秘密投入巨大，因此商业秘密拥有者对其关注程度远远超过那些投入时间、努力或金钱较少的信息。下面来看我们以前讨论过的一个工艺过程存在两种不同方法的情况。这两种都可能是商业秘密，即使早期方法已经被后来更好的方法所取代。第一种方法被发现时花费了较高费用，而第二种方法是通过灵光一现发现的。考虑到这一点的话，你就会发现第一个方法因投入较高的费用而具有非常重要的地位。

“他人在恰当地获得或复制该信息时的难易程度”与 UTSA 里面的定义中“不能以适当手段容易获得”条款是类似的规定。公司的竞争对手有权就该公司商业秘密信息进行独立研发或者反向工程。这种独立研发或者反向工程在一定程度上有可能减弱该信息商业秘密状态的权重。

应当指出的是，目前并不要求满足所有六个要素。然而，法庭审讯中会考虑所有六个要素，商业秘密存在或不存在的可能性只能在通过对全部六个要素进行评估和考虑后才能做出决定。Learning Curve Toys Inc. v. Playwood Toys Inc. 一案中包含了本节中充分讨论的六个要素以及其他问题，该案件判决反映了目前美国商业秘密法律的主要观点（Learning Curve Toys Inc. v. Playwood Toys Inc. 案的全文参见附录 B. 4）。

所有权

在商业秘密诉讼中，所有权问题经常会被忽略，但在一些特殊案件中会凸显出来。原告必须表明他拥有涉案的商业秘密的信息。商业秘密所有者会遇到陷阱，易受骗的人便会陷入圈套。

“职务作品”原理似乎表明由雇员在工作中产生的所有权利应归属于雇主。然而，只有美国的版权法案包含了“职务作品”这一法律条款。在 UTSA 中不包含这一规定。除了在一些很少的情况下，如雇员被雇佣来发明某物时，在雇佣合同中没有体现发明和商业秘密权利归属的情况下，根据习惯法的规定，也不能自动将商业秘密所有权归属于雇主。

书面的归属要求也同样适用于独立的合同方、外部生产方和公司其他供应商。需要履行商业秘密归属，以将商业秘密所有权由发明者转让给公司。如果工作是在公司时间、利用公司财产或者公司的设备，则公司可以获得免使用费的“雇主权”（shop right）来使用商业秘密，但是商业秘密的所有权仍然是属于真正创造或发明商业秘密信息的一个人或者几个人，无论是公司雇员或外部人员。

在诉讼中，所有权证据并不是经常出现的，但是它一旦被提出，就是确定无疑的。雇员、合同方或供应商没有考虑签署雇员商业秘密归属协议，忙乱的人力资源或者采购人员没有按照要求去做，由此产生的情况就是，即使公司已经为该工作支付了报酬，由雇员、合同方和供应商等人发明的商业秘密信息的所有权依旧由发明者拥有、保管和控制。

当合同中的雇员是通过中介公司雇用的时候，也可能出现这种情况。即使中介公司在文件中已经和公司签署了归属协议，如果中介公司没有与合同中的雇员履行类似的归属，合同中的雇员也将不受中介公司与公司签署的代理协议约束。这样的合同在法律上被认为是不可转让的“个人”合同，一旦出现供应商或合同代理公司被其他公司合并或收购，就要求与新的实体来履行新的商业秘密归属协议。由于这些原因，个人商业秘密归属协议应当直接与全部雇员、合同方、外部生产方和公司供应商签署后获得，并在合同的每一次延期、更新或转让时都要续签。

告　知

雇员在与其前雇主进行竞争时，可以自由使用他们掌握的一般技能、知识和经验。然而，前雇员不能自由使用或公开前雇主的商业秘密。告知证据要求原告必须证明其在雇员的一般知识、技能和经验与公司声称的商业秘密中之间画出了一个分界线。这就是说，对每一个被控侵占的被告，原告必须展示该信息商业秘密状态的明确、推定或暗示的告知。

需要注意的是，若仅声称“我们所做的一切都是商业秘密”是不充分的。法院已经注意到存在这样的法律事实，即每个公司拥有的一些信息不能满足成为商业秘密的条件。如果公司对其拥有的商业秘密和非专有信息不能进行有效区分，而将公司拥有的全部信息都认定为单一的不受保护的等级，这在诉讼中对于原告案件将是致命的。

告知可以是明确的、推定的或暗示的。明确的告知包括对包含商业秘密信息的文件通过加盖或粘贴“秘密”或“知识产权”印章或标签。明确的告知也可以采用在雇员任职期间或离职谈话期间将商业秘密的清单展示给雇员这一方式。

如果该商业秘密具有非常高的价值，法院有时会利用推定的告知。例如，如果某人租借给你一款钻石戒指，你不需要被告知它的贵重以及需要小心保管。

在公司内部公开或使用有关的整体环境下，也可被视为告知。例如，如果餐馆公司的所有配方都不是保存在计算机中，而是以文本方式保存在公司的保险箱中，只有因特殊用途才能够被取出查看，则雇员已经被暗示告知这些配方都是公司的商业秘密。

庭审中法院测试的一项内容就是，一个人在合理的情况下是否知道或者有理由知道该信息是商业秘密。最好的方法就是在雇员思想中以及在庭审时提供了明确的告知和排除所有的怀疑，即公司认定该信息是商业秘密。

访　问

由于人们有权利对商业秘密信息进行独立开发和反向工程，因此原告必须证明这样的独立开发和反向工程没有发生，相反被告秘密访问了原告的信息，并占有了涉案的商业秘密。如果对商业秘密信息的访问是不可控的，同时也没有适当的跟踪访问过程，则访问证明就比较困难。

在一些特殊情况，访问可很容易被证明。被告要么已经记下了，要么已经被包含在商业秘密的产品规格的销售单、商业计划或市场规划中。被告在讨论商业秘密的会议上出席过或者出现过几分钟也被视为出席了该会议。为了完成特定的工作任务，被告可能对该信息有具体的访问。例如，当被告被指定的工作任务是混合各种组分，则就被推定为访问过配方。

在其他情况下，证明访问可能更加困难。在一些非正式的场合，例如午餐时间在公司的咖啡厅，被告是否听到了他人正在讨论的商业秘密信息？被告是否与另外的雇员约会，在非工作时间一起讨论了该商业秘密信息？被告是否偶然看到或读到了她或他本不应该接触到某人短暂离开其座位时不小心遗留在开放空间内的敏感文件？作为局外人，被告是否通过例如计算机黑客等非法行为访问获得了该商业秘密信息？

在实践中，例如在工作中使用了与信息开发或运用的相同设备，同时被告缺乏表明实际独立开发的努力或者独立反向工程的证据，则访问商业秘密信息会被推断为未授权获得。访问控制和保护以及访问跟踪将提供一个十分确凿的证据，即被告已经访问了商业秘密信息。在审判中这更倾向依赖于推定访问的结论。

小　结

商业秘密财产权只有在诉讼中能够被确认有效。在商业秘密侵占诉讼案件中，原告不仅必须证明使用和损害，还要证明存在、拥有、告知和访问。证明存在必然涉及商业秘密的法律定义，《侵权法重述》（第1版）中规定商业秘密六个方面的考虑将作为指导。原告必须证明对涉案的商业秘密信息拥有所有权，被告被告知公司已经将该信息作为商业秘密，以及被告已经接触到原告的商业秘密信息。

第 4 章 商业秘密的丧失

概　要

若想顺利维护信息的商业秘密产权，需要同时提供 EONA 证据。缺少任何一项证据都将导致商业秘密权利的丧失。缺少存在性证据是普遍存在的情况，公司未采取合理措施来保持信息的秘密性是致使商业秘密权利丧失的最常见理由。因无意或疏忽造成的披露也会导致信息的商业秘密产权丧失，如同不加保护地向第三方披露一样，即便实际访问信息的方式是正当的，且不是由于哪项安全措施失效而造成的，未采取合理的保护措施依旧会导致商业秘密财产权丧失。

自由公开信息的原则

根据美国法律，除个别例外情况，所有的信息都属于公共领域。只要合法，任何人都可以自由公开地使用这些信息。例外情况包括：受多个州和联邦隐私法保护的个人信用、健康、财务以及其他信息，诸如公平信用报告法（FCRA）、健康保险携带和责任法（HIPAA）以及 Graham - Bliley 法案（GBA）；受间谍法和其他联邦法律保护的政府秘密；受专利法保护的专利；1996 年联邦经济间谍法（EEA）以及以 UTSA 为蓝本的国家法规保护的商业秘密。

在此，值得注意的是，在商业信息方面，如果不按商业秘密进行保护，公司所拥有的所有未获得专利权的商业信息可以被前雇员、合同方、顾问、供应商以及竞争对手等任何人合法复制、披露和使用。

最容易也是最常见的导致商业秘密信息的知识产权丧失的情况是未能保证这一信息满足商业秘密的法律规定要求。丧失的后果就是这些信息可被任何人自由公开使用，公司却无权追索。Omega 就发生了这种事情，参见本书最后附录 B. 2 提及的 Omega v. Chroma 商业秘密侵权诉讼案。

若想在主张商业秘密权利时胜诉，原告必须顺利提供所有 EONA 证据。损坏或破坏在后期诉讼中顺利提供一项或多项证据的能力的行为将使得信息的商业秘密知识产权有丧失的风险。我们再来回顾一下 EONA 证据，考量每项证据会以何种方式被破坏，并导致公司信息的商业秘密产权丧失。

缺乏存在证据 I：商业秘密的定义

我们注意到，在考虑存在证据时，为了成功维护商业秘密产权，必须满足 UTSA 对商业秘密规定的要求，并且《侵权法重述》（第 1 版）中规定的商业秘密的六个构成要素也需要在审判中予以考虑。缺乏存在性证据可能是因为未能满足 UTSA 所规定的某项要求，或者因为根据《侵权法重述》（第 1 版）规定的六个构成要素而对商业秘密评价不高。

再来看一下 UTSA 的要求：

（1）商业秘密是指可以获得实际的或潜在的独立经济价值的信息……

（2）通常不为他人所知，且他人通过披露、使用信息能够获得经济价值；

（3）他人不易通过正当手段获得，且他人通过披露、使用信息能够获得经济价值；以及

（4）在特定环境下采取了合理的保密措施。

运用 UTSA 规定的第一方面，如果原告没有能力证明独立经济价值是源于信息的保密性，会不利于信息所有人提起商业秘密诉讼。公司业务是否正在使用该商业秘密？或者将来是否有计划在公司业务中使用该商业秘密？如果不这样的话，是否考虑过该信息为什么给公司或者竞争对手获得独立经济价值？该商业秘密用在哪种产品或者哪条生产线上？公司收入有多少来自这些产品？有多少收入是依靠该信息的持续保密？发生侵权和计划诉讼之前所记录的关于这些事实的同期文件将有利于这一证据的确立。在审判过程中，相比事后辩护，这类文件将会成为更有力的证据。

运用 UTSA 规定的第二方面，如果原告不能证明信息在被侵占之前不属于行业公知，也会不利于信息所有人提起商业秘密诉讼。信息就其本质而言是否不为公司之外的一般人所知？例如该信息是否用于公司的财务结果、业务预测以及市场计划？对于其他类型信息，是否进行过现有技术检索并记录？公司是

否确定信息是内部开发的而非公司引进的？是否一直保存着与信息开发相关的同期记录？同样，在审判过程中，同期文件将会成为比事后辩护更为有力的证据。

运用UTSA规定的第三方面，如果原告不能证明信息不易通过正当手段获得，同样会不利于信息所有人提起商业秘密诉讼。公司可证明的一种合适的开发手段是该信息属于公司自己研发的成果。在审判中，如果被告不能出示致力于类似开发的证据，将削弱以主张独立开发的抗辩理由。公司是否有文件记录发现、改进、开发该商业秘密信息的方式？是否保存着有关该信息研发的同期记录？是否有文件记录与公司研发该信息相关联的费用？同样，在审判中同期文件比事后辩护是更有力的证据。

运用UTSA规定的第四方面，如果原告不能证明在特定环境下为信息保密所付出的努力是合理的，一样会不利于信息所有人提起商业秘密诉讼。没有采取合理的措施是商业秘密信息丧失的最普遍方式。即使被告是前雇员，该商业秘密曾因履行职责所需而向该雇员披露，并且现场的安全措施与该必要的披露无关，商业秘密信息依然可能丧失。因为此时，被告会争辩，由于安全措施不够，导致该信息不符合UTSA所规定的商业秘密保护要求，使其可为任何人自由使用，包括被告在内。安全议题非常重要，我们将在后面的章节专门论述。

接下来，考虑以下几个问题。从公司外部收集敏感信息的最明显的方式有哪些？公司是否执行身份标记或者其他识别程序？是否对雇员和访客严格执行该识别程序？访客在公司时有人全程陪同吗？是否禁止使用公司带有照相机功能的设备，包括移动电话、手表以及其他电子设备中的照相机？公司是否有文件处理箱、是否对文件进行现场销毁？访问公司计算机时是否要求使用密码？是否有合适的程序来确保对密码进行定期修改？是否禁止雇员使用公司以外的计算机，比如雇员用自己的笔记本或者家里的计算机来处理公司的专有信息？所有这些问题都可能在公司提起商业秘密产权诉讼时提出。在发生侵占行为之前，这些问题最好要被问到并能够解答，且备有证明文件。

缺乏存在证据Ⅱ：六个构成要素

在判定是否符合UTSA规定的四要素时，《侵权法重述》（第1版）规定的六个构成要素在判决时也应予以考虑。让我们来逐项考虑这六个构成要素，进而检查出现什么情况才会导致存在证据缺失。我们也将考虑公司如何才能加强对现有的商业秘密进行六个构成要素的分析，以及如何采取措施来提高信息符合六要素的水平。

第一要素考虑的是信息在公司以外被知晓的程度。这一点与之前讨论UTSA规定的考虑相同，适用的问题也相同。商业秘密是否符合这一要素无法通过公司来加强，除非公司要保证该商业秘密不在公司之外公开。

第二要素考虑的是信息被雇员以及涉及公司业务的其他人所知晓的程度。这一考虑归入 UTSA 规定的安全措施部分。如果公司的每位员工都知晓这一信息，说明目前所采取的安全措施应该没有达到公司理应采取的安全强度。说起这一要素，公司往往是自己最坏的敌人。例如，研发团队提出了新的制造方法之后会给予奖励，这个主意确实不错，但如果在公司的颁奖大会上宣布该秘密方法的精髓，就不利于信息符合这一要素的要求。

一些公司在推进 ISO 9000 目标时，会在无意中丧失这一要素下的信息的价值。ISO 9000 要求分发文件需以可控和可记录的方式来进行，以便将文件完全更新，从而雇员不会因错用旧版本文件而在质量控制方面出现问题。一些公司为了满足这一要求，会将全部文件发布在公司内网上，如此一来，当前的正确版本就总是在内网上。如果不出意外的话，一切都还算说得过去。但是让公司的每位员工都能访问到这些文件，将不利于信息符合这一要素的要求。

如果对商业秘密信息建立起访问控制，则可提高公司商业秘密符合这一要素要求的水平。这样的话，只有为了履职而必须知道信息的才能被允许访问特定的商业秘密。在考虑公司提起商业秘密产权诉讼时，这种“需要知道”的访问限制对这一要素的影响最大。

第三要素考虑的是公司为了信息保密所采取的保护措施的合理程度。这也是 UTSA 规定的合理措施要求，在接下来的几章中会对需要考虑的因素进行详细论述。对公司的商业秘密加强安全措施将提高商业秘密符合这一要素要求的水平。

第四要素考虑的是信息对公司及其竞争对手的价值。这一点与之前讨论UTSA 规定的考虑相同，适用的问题也相同。信息满足这一要素的程度无法通过公司来加强，除非要公司保证备有合适的文件来证明商业秘密对公司的价值。

第五要素考虑的是公司为开发信息所投入的精力多少或资金数量。这是UTSA 规定的经济价值要求的另一要素。商业秘密遵从这一要素无法通过公司加强，但是如果在商业秘密信息的开发过程中，公司存有关于成本费用的合理证明文件，将有利于提供符合这一要素的最具法庭价值的证据。

第六要素考虑的是他人正当获取、复制信息的难易程度。这一点与 UTSA规定的“通过正当的手段容易获取”的考虑相同，适用的问题也一样。信息满足这一要素的程度无法通过公司加强，除非要公司保证备有合适的文件证明公司自己为开发该项商业秘密信息所付出的努力。

这里需要强调的是，如同对 UTSA 规定的考虑因素一样，为考虑六个构成要素的相关问题而备下的同期文件，在提起信息的商业秘密产权诉讼中，其证据力度要远大于事后辩护。

缺乏所有权证据

缺乏所有权证据几乎是未执行相关规定或协议所致。到目前为止，任何一家公司都应该知道，需要与雇员、承包方顾问、供应商以及外包制造商签署商业秘密转让协议。通常，所有权证据仅在如下情形才会失效，即规定协议未得到执行，而公司也未跟进检查这些针对全体员工和为公司工作的第三方所签署的这些协议是否执行到位。包含转让条款的雇员协议每年都应更新。绩效评价期间就是更新的良好时机，其间，雇员对自己上一年的表现进行反思，为新的一年设定目标，并因努力为公司工作而获得加薪奖励。同样，对于第三方供应商来说，合同更新时也是对商业秘密转让协议更新的理想时机。这类商业秘密协议可以写在公司采购订单表的背面，也可以包含在同意采购订单的条款部分。

缺乏告知证据

缺乏告知证据通常是由于公司未对商业秘密进行审核所致。在缺少商业秘密清单的情况下，公司不可能告知雇员和第三方，披露给他们的信息是公司的商业秘密，并且是以保密方式披露给他们的。没有商业秘密清单，公司无法保证包含商业秘密的所有文件均做过标记，而作标记起到了实际告知的作用，或者包含商业秘密的所有文件均得到适当处理，这种处理则起到默示告知的作用。

厘清商业秘密有可能是项艰巨任务，尤其是对于拥有大量商业秘密的大公司，或者在正常业务中每天都会产生和销毁商业秘密的高科技公司。逐步加强计算机化方法的应用会使此项任务得以简化。本书后面将用两个章节针对商业秘密的会计方法对商业秘密的审核和盘点展开论述。

不提出告知对于雇员和公司都会产生问题。雇员再就业时有权使用他们的普通知识、技能以及经验，而公司则有权保留其商业秘密信息的权利。不告知哪些信息是公司认为的商业秘密，不清楚地画出这条界限，就会产生一个巨大而模糊的中间地带。那么，再就业时，雇员就无法确定哪些信息他们可以使用，哪些信息他们不能使用。如果画的线过窄，前雇员会低估自己，会限制他和后来的雇主使用他的普通知识、技能以及经验的利益。如果画的线过宽，前雇员就会有被前雇主诉以侵占商业秘密并成为被告的风险。

如果公司拒绝在公司专有信息与雇员的普通知识、技能以及经验之间画出界线，法院之后会在审判时画出界线。虽然，法院尊重雇员谋生以及到其他公司再就业的权利，但法律依然要求公司确定出何为商业秘密并且应向雇员告知。因此，如果法庭需要在审理时画定界线，会保护雇员的权利，相比侵占之前公司原本能够正当画出的界线，这条线会比公司画的更窄一些。由于未确定出公司的商业秘密，也未向雇员提出适当告知，公司将丧失超出法院所画界线之外的有关这一信息的商业秘密权利。

缺乏访问证据

缺乏访问证据通常是因公司未对商业秘密信息的内部发布进行控制所致。也就是，公司没有执行访问控制或者访问追踪，也就不可能证明被告曾经访问过该信息。在典型案例中，前雇员去为竞争对手工作，公司随后意识到竞争对手似乎突然了解了公司的一些商业秘密。这种觉察可能源自竞争对手的新产品介绍、战略业务转型或者战术销售和市场转型或者活动和计划的其他公开信息。但是前雇员是如何获得这些信息的？该人可能并不曾受雇于商业秘密信息的开发、使用部门或机构。

缺少访问控制经常导致商业秘密信息披露给与开发、使用商业秘密信息并无明显关联的雇员。缺少访问追踪将使得难以确定出雇员在公司内的活动何时跨越了包含商业秘密信息的界线。以上任一种缺陷的存在，都使得事后再现出雇员是如何访问到这些信息的事实以及在审理时支持必然访问的证据遭遇困难。

如果公司不能证明访问事实，那么前雇员会否认访问过，而新雇主会声称该信息属于独立开发。事实上，这些声明的确有可能是真的。如果不能够证明或者反驳前雇员在公司访问过该信息一事的话，谁又能辨明真伪呢？即便举证非常彻底且花费不菲，问题依然可能悬而不决。但是，上面提到的简单易行措施则会让作出判决变得更容易。由于不能证明前雇员访问过商业秘密信息，商业秘密所有人可能败诉，而该信息的商业秘密知识产权也可能丧失。

真实情形 I：无意和疏忽的披露

我们讨论了四项必要的证据在一些假设条件下可能被损害的情况。如何将这些考虑转换成真实情形？以下场景是因疏忽或未对商业秘密信息进行妥善管理而丧失商业秘密产权的常见方式。我们首先讨论因无意和疏忽而造成披露的情形。

对公司的商业秘密信息因无意和疏忽而造成的披露损害了信息的商业秘密财产权。如果信息所有人或其代理人，比如雇员，在保密关系界限之外披露这一信息，那么如何能够证明这一信息具有商业秘密资格呢？这种披露以两种方式使得这一信息无法受到 UTSA 的保护。疏忽或无意披露使得信息为公众所知悉，使其不符合 UTSA 规定的商业秘密保护的要求。疏忽或无意披露也证明当时未按规定对信息保密采取过适当措施，即所有这些安全措施之中最基本的是商业秘密所有人有义务不让该信息在保密关系范围之外为人所知。

疏忽和无意披露的常见情形包括以下几种：

贸易展览

许多经营部门每年都有贸易展览。展览会上，公司会向实际的和潜在的客户展示产品或服务。在这类贸易展览上，他们也经常将公司的商业秘密展示给实际的和潜在的竞争对手。公司的展台人员，经常也是具体了解公司商业秘密的市场人员和工程人员，是否限制过他们与展台参观者讨论公开信息？或者他们是否会因为要给客户留下深刻印象，向客户承诺强化他们的产品和服务，可能披露了公司的商业秘密？

会议演讲

产业会议和行业研讨会的特色在于，演讲人会向与会者通告本领域的最新进展。公司的高级研究人员、开发人员和工程人员是这些活动演讲人的主要候选人。在活动中演讲的公司员工是否得到过指示，哪些信息可以在这种公共场合披露，而哪些则不可以？他们的演示是否经由负责公司商业秘密保护的人员做过公司商业秘密信息的保密检查？或者他们是否可能为了在活动中给同行留下深刻印象而过多地披露有关他们所从事的工作内容？

销售电话

公司的销售人员每天都要与客户会面，由于是佣金薪酬，他们的收入常常有赖于销售业绩。公司的销售人员往往也了解公司内研发和使用的商业秘密信息。公司的销售人员是否得到过指示，哪些信息可以在成交时发布给潜在的客户，而哪些则不可以？如果授权发布敏感信息，是否是在执行保密协议之后才向潜在的客户披露？或者销售人员是否想为了达成交易、赢得客户业务而向潜在的客户泄露专有信息？

各种各样的销售电话情形指的是公司管理人员、市场人员或工程人员与销售人员一起给客户打电话。公司员工喜欢走出办公室、出趟不同寻常的差、与公司产品和服务的实际的或潜在的用户见面。是否指示过这些员工要限制导致信息公开披露的演示和讨论？他们的演示是否经由负责公司商业秘密保护的人员做过公司商业秘密信息的保密检查？或者是否他们可能讨论过敏感信息？因为每天总在公司接触这些敏感信息，并且在开发这些敏感信息的过程中，他们会努力帮助销售人员打动客户，对此，他们理应感到自豪。

客户参观

与销售电话相反的情形就是实际的或潜在的客户到公司来参观访问。在客户参观过程中，商业秘密信息的披露风险与销售电话实质上类似，但是，由于增加了对公司员工和设施的参观访问，因此从程度上来说其风险更大。除了对销售电话已经讨论过的考虑因素之外，涉及客户参观的还有其他几个考虑因素。是否对客户参观进行了精心安排？是否对公司内允许客户进入的区域经过仔细筛选？在这些区域里是否存在商业秘密信息或者商业秘密信息已被隐藏？负责公司商业秘密保护的人员是否参与客户来访的计划和执行过程？

用户组会议

用户组会议是客户出席数量增加的客户参观，披露的风险也就随之增加。在销售电话和客户参观情形中讨论过的注意事项对此同样适用。由于风险增加，用户组会议应当在场外举办，因为很难做到对同时到访公司参观设施的几十甚至上百的参观者进行控制。取而代之，应仅在特定时间和非敏感区域对较小的参观团精心提供对公司设施的陪同参观。不要忘记，在很多决定购买的客户中，有客户员工主张支持从其他供应商一方购买。他们现在是你的用户组成员，但是可能也是你的竞争对手的积极支持者。

雇员的面试

雇员的面试常常可被称为“竞争对手来访”。公司最期待的新雇员往往目前正在为公司的直接竞争对手工作。他们再就业时自由使用的普通知识、技能以及经验与公司和其竞争对手经营的业务和技术领域直接相关。但是，面试官不要忘记，面试之后，该候选者会回到他目前的公司竞争对手的工作岗位上。谁也无法保证，其个人是真对公司感兴趣、真会接受公司的录用，还是可能只是为了打探信息。公司的面试官能否意识到在面试过程中对公司的敏感信息不加保护地披露的危险？是否将他们对于工作职责的讨论限制在较为笼统的范畴内？或者他们讨论敏感的项目细节可能是为了尽力吸引他关注该工作并说服他签约？

媒体采访

或许没有哪一种因无意或者疏忽的披露能比得上在媒体采访期间披露的让人震惊的程度。在这种情况下，敏感的信息披露给一些人，这些人的目的就是去写出来、印出来并且将信息发布到全世界。解决这一潜在问题的最有效方式就是根据保密协议的保护对采访者授权，对出版前的文字行使审查权，目的就是要确保文章中不包含敏感信息。如果这种做法不可能，自然就会产生问题。在媒体采访的过程中，公司受访者是否知道不加保护地披露公司敏感信息所带来的危害？他们是否会把对公司业务的讨论局限在公开信息范围内？或者他们是否有可能禁不住记者的怂恿而入套？

间谍

如果不对间谍（竞争情报人员）进行讨论，本节就算不上完整。正如在第 2 章中提到的，在提交给美国国会的有关外国经济捐助和工业间谍活动的 2004 年度报告中指出，“去年大多数的外国实体试图使用那些易于使用、低成本、低风险并且有时是合法的工具和方法来获取美国的技术。在大多数案例中，国外收集者只是通过电子邮件、移动电话、传真、信件或者亲自去寻找信息。”无论是被外国实体雇用还是被公司的国内竞争对手所雇用的竞争情报人员都能够合法地收集敏感信息。这些信息是由公司雇员使用本节列出的任一种情形无意或疏忽地披露的。在贸易展览中佯装成客户、出席会议、参加公司面试，以及佯装成记者进行贸易公开的采访都是普遍并且合法的活动，其目的在于探出公司的敏感信息。

真实情形Ⅱ：未加保护的披露

出于讨论的目的，我们特意将疏忽或者无意中披露与未加保护披露进行区分。针对未加保护的披露情形，披露方打算将信息披露给另一方，但是这样做没有事先与另一方建立保密的义务。可以通过雇用个人作为雇员或者通过在公司与另一方之间执行保密的协议来建立与另一方的保密义务。未加保护的披露通常发生在如下情形：披露方打算在将来建立保密关系，但是目前尚未建立；或者披露方没有意识到这一步骤的必要性。如同疏忽和无意中的披露，未加保护的披露破坏了公司对披露信息的商业秘密产权，即使之后建立了涵盖披露内容的保密关系。

在真实情形中，有时会曲解保密关系。法院可能根据手头审理案子的具体细节来裁定：由披露的情况确立保密关系。也就是说，即使没有保密协议，法院也可裁定，双方同意以保密的方式对信息进行披露，或者理智的人考虑到整体情况会认为该关系是秘密性。这一情形在 Learning Curve v. Playwood 案中也出现过，之前我们讨论过该案，收录在附录 B. 4 中，判决非常有意思。无论如何，以书面文件确立保密关系要比含糊不清且有时还前后矛盾的证人回忆的口头协议要好得多。

未加保护的披露的常见情形如下：

合同“雇员”

应当注意，保密关系只有在雇用真正的 W－2 员工时才能成立。也就是说，符合劳动法规定的雇员，公司为其提供员工福利，并缴纳收入税、社会保险和医疗保险。所谓合同“雇员”不是法律意义上的雇员，当雇佣合同雇员时，保密关系不成立。

这一区别非常重要。在执行保密协议之前或者并未执行保密协议的情况下，向合同雇员披露公司的商业秘密信息的情形就构成未加保护的披露。该情形下，任何在所披露信息中涵盖的商业秘密产权都将丧失。在执行保密协议之前，不应允许合同雇员开始在公司工作。如果合同雇员想让他的律师先看一下协议倒是可以的，但是只有在征得律师同意或协议执行之后，他才能按照合同开始为公司工作。在此之前，合同雇员都应被视为来访者，在公司内的任何场所，都应有人随时陪同，任何商业秘密信息都不应对其披露。没有一个项目是如此急需额外人员，使得公司的商业秘密信息归入公共领域，让任何人自由使用。

初步讨论

潜在的客户有时会希望举行“初步讨论”，因为此时“并不真的需要”执行“正式”的保密协议，或执行“正式”的保密协议还“为时尚早”。客户可能对公司内部使用的、与客户自己提供的产品或服务相结合的或再售的产品和服务感兴趣。然而，这种期望避免执行保密协议的行为往往表明，该潜在的客户尚未决定是外购讨论的产品或服务，还是自己开发。如果他们决定自己开发的话，他们不希望被限制于独立开发类似信息。此外，公司代表告诉他们的可能要多于他们应该知道的。

在确立保密关系之前，任何披露商业秘密信息的情况都不应该出现。在努力赢得销售的过程中，公司代表不应向潜在的客户披露任何非公开信息。他们正在培训潜在的竞争对手，也正在破坏披露信息中的商业秘密产权。即使潜在的客户最终决定购买产品和服务，他们也可能向公司的其中一家竞争对手购买产品和服务，这样的话，他们可与这一竞争对手共同分享丧失的商业秘密信息。公司代表不应对公司产品或服务中公众可获得的信息进行引人注目的演示，而是要推动执行保密协议，以继续讨论专有信息。

雇员面试和简历

雇员有权使用自己的普通知识、技能以及经验来寻求其他就业机会，但是他们无权使用、披露现在雇主的商业秘密。法律禁止在简历、求职以及面试过程中披露现任雇主或前雇主的商业秘密信息。然而，简历中经常填写着雇员积极参与的项目和技术领域的细节描述，这样的简历被提交到 Monster. com 以及其他招聘网站上，全世界都可以看到。更多的披露商业秘密信息的情形经常发生在面试过程中，应试者试图通过详细描述自己所从事的项目和技术来给面试官留下深刻印象。

需要注意的是，这些不属于疏忽和无意披露。通过寻找新工作，雇员在使用公司的商业秘密信息为个人获取经济利益。员工对当前雇主的忠诚度已经削弱，或者他将不再寻求新的就业机会。他已经断定，新工作带给他的个人收益超过公司的商业秘密知识产权，并决定故意披露这些商业秘密来打动潜在的雇主。

在此情况下，雇员对公司商业秘密未加保护披露的行为负有法律义务，从而构成违反对雇主专有信息保密的信用义务。然而，值得注意的是，接收雇员披露信息的那个人并无任何过错。雇员破坏了公司对该信息所拥有的商业秘密产权。诱导他人违反信用义务是可以提起诉讼的，除非潜在的新雇主的动机超出了惯常的招聘流程，否则将由雇员独自承担责任。

这种未加保护的披露是极其恶劣的行为，因为雇员找工作时，来自公司的竞争对手的雇员往往会是雇主主要的候选人。雇员的普通技能、知识以及经验也都直接适用于竞争对手的商业需要。竞争情报人员利用雇员找工作时愿意披露专有信息的心理，上网搜索雇员的简历，也经常佯装成猎头公司对公司雇员进行电话面试。

实时披露

迫于商业压力，公司禁不住诱惑会选择走捷径。一种捷径就是在传送保密协议同时发布专有信息，这会造成因未加保护的披露而破坏商业秘密权利。典型的情形发生在双方同意执行保密协议并且传送该信息的时候。披露方试图节省时间并且在行动期间获得关联信息，就在同一封电子邮件中以附件形式同时发送待执行的保密协议和专有信息。就信息发送而言，因为尚未执行保密协议，这属于未加保护的披露。法院有可能确定保密关系已经存在，因为在披露之前已就执行保密协议达成一致。但是，法庭有可能判定保密关系尚未存在，或者关系存在但却很笼统，因为书面保密协议尚未执行，并且保密协议的具体条款在执行之前尚未经过讨论。在发送保密协议的同时披露信息的话，之后可能被判定为属于未加保护的披露，并且丧失信息的商业秘密产权。

保密协议范围内的未加保护的披露

最后，对所有公司而言，在保密协议范围内发生未加保护的披露的情况非常普遍。保密协议通常明文规定信息披露的适用条件，目的是根据保密协议将信息作为商业秘密进行保护。保密协议的普通条款包括披露方必须告知接收方，具体有哪些信息是专有信息，专有信息的任何书面披露必须标为“专有且保密”，并且专有信息的任何口头披露必须在其后一周内备有带标记的书面副本。未落入保密协议范围内的任何其他信息披露都属于未加保护的披露情形，将导致商业秘密财产权丧失。

公司通常关注保密协议是否制定，但是很少关注条款的实施。然而，不遵守保密协议的条款，保护的内容将被披露，信息中的商业秘密知识产权也将受损。

真实情形Ⅲ：未采取合理措施

不采取合理措施而导致商业秘密丧失的情形可能包括两种。第一种情形，由于缺乏合理措施，商业秘密信息可能被实际访问到，比如搜寻垃圾邮件的竞争情报人员从公用垃圾箱来获得公司商业秘密信息的情况。对于这种场景，大多数公司能够意识到，并且他们大多采取措施以阻止这种情况发生。

第二种情形，商业秘密信息可能已通过其他方式被访问到，比如为使其履行职责而向其披露信息的雇员，在之后的审判过程中，这些雇员辩称公司没有采取合理措施，从而导致公司丧失商业秘密权利。在这种情形中，没有采取合理措施已经不是丧失信息的直接原因，但是可能最终导致在诉讼时丧失商业秘密产权。

在商业秘密侵占案件中，就未采取合理措施的主张而言，对于被告要提出何种程度的争辩才能让此主张成立是没有限制的。如果公司所有的计算机均设置了密码进行保护，那么被告可以主张防火墙也本应属于合理措施的一部分。如果公司使用了密码和防火墙，被告可以主张软件保护器也应该是合理措施的一部分。如果公司使用了密码、防火墙以及软件保护器，被告可以主张生物识别设备也应该是合理措施的一部分。被告会做出这样的主张，即使事实上在完全无任何安全措施的情况下也并没有接触到商业秘密信息：向被告披露信息是为了让他行使工作职责。

另外，因诉讼所需，措手不及的原告往往会不顾一切地主张已采取了安全措施，但对于采取多少措施才算充分也并无限制。仅仅是门上有锁、商业秘密信息没有整理归档而是保存在公司老板桌子上的一堆纸中、公司物理位置隐蔽，甚至缺少商业秘密清单，从而使得没有商业秘密清单可偷，这些均被声称属于“合理措施”。

对于双方提出的极端主张，法院将不予理会，而是重点关注何为“特定情形下的合理”。何为业内商业秘密信息的关注标准？公司之前是否丢失过信息？是否相应加强了安全措施？公司的规模有多大？其规模是否大到足以配备“大型企业”措施？或者是个小型夫妻店，以至于这类措施会造成经济负担？

公司在对商业秘密安全措施进行设计时应树立两项目标。其一是要防止信息因安全漏洞而丢失，大多数公司已经针对该目标设计了安全措施。其二是确保在商业秘密诉讼中取得有利结果，包括法院作出采取合理措施的判决。公司通常做不到这一点。

接下来的几章将详细讨论安全措施。维护公司信息商业秘密产权非常重要，这一点无论怎么强调都不为过。

小　结

由于商业信息不受专利保护，若不以商业秘密进行保护，任何人均可合法地自由公开使用。丧失信息的商业秘密产权的方式有很多，但最普遍的是，由于没有采取合理措施保护信息的秘密性，导致无法证明商业秘密的存在。如同未加保护地披露给第三方，无意和疏忽的披露会破坏信息的商业秘密产权，因为这种披露被定义为未采取合理措施来保护秘密。最后，未采取合理措施保护信息的秘密性会导致商业秘密产权的丧失，即使实际访问信息的方式是合理的，并且不是由于安全措施存在任何漏洞造成的。

第Ⅱ部分

安　　全

国家的未来在很大程度上取决于企业的效率，而企业的效率在很大程度上取决于知识产权的保护。

——美国联邦第七巡回上诉法院

第5章 安全介绍

概　　要

在尽力保护公司商业秘密的过程中，信息安全是一种动态环境的措施和对策。将公司视作一种围栏会有助于信息安全的讨论。在制定安全措施方面，重要的是区分内部人员和外部人员以及使用和侵占之间的差别。在国际市场，商业秘密安全正在迅速演变，与此同时需要可与新情况相适应的临时解决方案。

动态安全环境

虽然在前几章讨论过的商业秘密法律已较为完善，但是，信息威胁和信息安全的领域正在迅速演变。为了应对日益增长的信息盗窃威胁，人们几乎每天都在开发和发布保护信息的新硬件、软件和商业方法。由于盗窃商业秘密的方法不断改进，防止信息被盗的方法正在不断发展，以应对防范与规避这些威胁。假使这几章我们再讨论信息安全的具体方法的话，这些建议甚至在本书出版之前就已过时。

因此，我们将集中讨论在特定威胁情形下，访问和窃取商业秘密的一般方法。正如有关商业秘密法律的章节并不是为了提供与律师进行有效沟通所需的背景知识而向读者传授法律知识一样，有关商业秘密安全这几章也不打算为了提供与信息安全专家进行有效沟通所需的背景知识而向读者传授信息安全知识。

围栏模式

将公司视作围栏将会有助于讨论商业秘密安全问题。围栏代表公司的安全措施，一般围绕在公司周围设置。在围栏之内开发、使用和存储专有信息。内部人员自由地出入围栏地，而对于外部人员出入围栏则要小心控制。

这一模式可让人看到一种机制，通过该机制访问商业秘密才得以实现。当然，内部人员有权访问围栏以及其之内的专有信息。内部人员自由地出入公司，而且专有信息随同内部人员移动，在他们的脑子里、手提电脑中以及如图纸、CD－ROM 和 USB 闪存之类的介质中。公司拥有穿越围栏的网络连接，并且通过网络能够传输专有信息，通过发送邮件、快递和包裹运送也能传送专有信息。最后，外部人员允许进入围栏，通常是通过登记系统进入并有人员陪同，但是如果不对访问做适当地精心策划，外部人员在公司时也可能获得公司专有信息。

当然，如果禁止所有进出围栏的信息传输，维持公司专有信息的安全倒是容易做到，但却不切实际。切断互联网连接、消除邮件发送、快递和包裹服务、消除公司的外来参观人员以及禁止专有信息传到公司之外，安全问题倒是消除了，但是公司的经营能力、从商业秘密信息中获得经济利益都会受损。这种情况下，专有信息会成为负担，公司经营能力削弱，也不可能再获利。此外，公司仍必须让员工晚上回家，但在他们的大脑中却还带着公司的专有信息。

然而，公司能够做的就是严格限制专有信息从围栏传出到围栏地之外的公司业务目标所必需的活动中去。

区分内部人员和外部人员

在所有关于商业秘密安全的讨论中，重要的一点是要区分内部人员和外部人员，以及商业秘密的内部威胁和外部威胁。内部人员是具有对公司负有法定保密义务的个体和组织。内部人员包括雇员，根据人事和劳动法，其负有保密义务，秘密持有公司的专有信息，不得为自己的利益或他人的利益拷贝、披露或者使用信息。内部人员也包括第三方，包括合同雇员、顾问、供货商以及客户，根据合同第三方和公司之间执行的保密协议条款，它们对持有公司的专有秘密信息负有合同义务。最后，内部人员还包括另一类第三方，包括银行、律师、员工医疗保健提供方和信息处理公司一类的安全公司，由于从他们与公司之间的关系所衍生出的伦理或法律义务，其对持有公司的专有保密信息负有明示或隐含的保密义务。

从字面上看，外部人员则包括任何其他人，指的是那些属于局外人的个人和组织，他们对持有公司的专有保密信息既没有诚信义务也没有合同义务。外部人员包括普通公众和手法更加老练的人，其包括竞争情报专业人员、黑客、媒体以及竞争对手，也包括不受保密协议约束的承包商、顾问、供货商和客户。

区分使用和侵占

在讨论信息安全时，重要的是要区分使用和侵占，即区分信息是合法使用还是非法使用，如信息被非法使用，公司就有合法的起诉理由来行使追索权。侵占往往取决于商业秘密是否通过正当手段而获得。UTSA 针对不正当手段作出了相关规定，如表 5－1 所示。

表 5－1　UTSA 对不正当手段的规定

“不正当手段”包括盗窃、贿赂、虚假陈述、违反或诱使违反保密义务，或者通过电子或其他工具的间谍手段

应当注意，列出的所有不正当手段就其本身而言都是非法的。除了为侵占商业秘密提供诉讼理由之外，这些行为也为上游犯罪的刑事检控提供了根据。UTSA 也对侵占作了单独规定，如表 5－2 所示。

表 5－2　UTSA 对侵占的规定

“侵占”是指： （ⅰ）明确知道或应该知道行为人是通过不正当手段获得该商业秘密，仍然从该行为人手中获取该商业秘密；或者 （ⅱ）未经权利人明示或者默示许可，披露、使用该商业秘密，且该行为人 （A）使用不正当手段获得该商业秘密知识；或 （B）在披露、使用时，明知或应知该商业秘密知识是 （Ⅰ）他人或自身使用不正当手段获得的； （Ⅱ）在与权利人签订了保密协议或负有限制使用义务情形下获得的；或 （Ⅲ）他人或自身在权利人申请司法救济时违反了应履行的保密义务或限制使用义务而获得的；或 （C）在其本身工作变动之前，明知或应知有关信息为商业秘密，在工作之时无意或通过违法获得的

注意在第（ⅰ）款和第（ⅱ）（B）（Ⅰ）款没有对这种行为辩解：如果

接收者明知或应知获得信息使用了不正当手段，仍然获取、披露或者使用由他人通过采用不正当手段获得的商业秘密。第（ⅱ）（A）款禁止采用不正当的手段获得商业秘密的人披露或者使用，诸如窃贼或者黑客。第（ⅱ）（B）（Ⅱ）款指出获取的情形可能产生保密的义务。第（ⅱ）（B）（Ⅲ）款表明了有保密义务的人的侵占，根据保密协议或诚信义务，专有信息披露给内部人员的侵占。最后，第（ⅱ）（C）款指出，在偶然或者失误披露的情形下，如果接收信息的人在其工作变动之前，意识到该信息是商业秘密，那么披露或者使用将构成侵占。此规定范围之外的任何信息复制、披露或使用则不属于侵占，不会被公司依据 UTSA 提出指控。

大多数信息安全措施把防范不正当手段作为目标，以防公司丢失专有信息。这种做法是必需的但是还不够。接下来的几章，我们将对安全措施作更全面的讨论。

商业秘密的国际安全

关于安全的章节描述了美国国内的商业秘密安全。其他国家有自己的商业秘密法律，可能与美国类似，抑或相去甚远。有些国家的这种法律得到严格执行，例如日本，而另一些国家就算是有，也执行得较为宽松，例如中国。安全措施要适应其应用的法律环境，商业秘密的国际安全要求这些市场中有经验的专业人员给予谨慎考虑。

中国的商业秘密安全是目前美国高层特别关心的。这种状况正在迅速改变，因为中国正致力于解决发达国家提出的知识产权相关问题。中国政府正在加强其国内的知识产权保护，但是最初的推动还主要限于专利和版权方面。商业秘密保护在中国正处于滞后状态，因此专有信息所有人必须谨慎行事。目前非常流行在中国设子公司，但是因为没有直接的法律救济权利，做出这一决定必须权衡丧失专有信息的巨大风险。

此处的焦点问题是商业秘密的国内安全。这里的许多方法和建议同样能适用于国外，当然有些则不能。任何有国际业务的公司必须咨询相应国家的专业人员，以便根据各国家的规定，调整最为有效的信息安全方案和商业秘密保护方案。

小　结

动态的信息安全环境正在不断调整以满足新的信息安全威胁。评估这些威胁并制定适当对策的过程，将有助于把公司考虑成围栏模式。区分内部人员和外部人员对信息的威胁也非常重要。UTSA 对商业秘密侵占作了规定；根据 UTSA 规定，所有其他信息的使用都是正当的。国际安全的相关问题需要在相关特定国家具有特殊经历的人进行专业指导，以制定出能够适应国际形势不断变化的方案。

第 6 章 防范外部人员的安全措施

概　述

外部人员总想通过正当的和不正当的手段访问公司专有信息。外部人员通过正当手段访问商业秘密往往是公司员工粗心大意造成的结果。对于外部人员通过正当手段访问商业秘密的情况，唯一的补救措施是加强员工的保密教育。外部人员通过正当途径访问商业秘密，将导致公司丧失对该信息的商业秘密财产权。相比之下，外部人员访问商业秘密的非正当手段包括非法或者不当的行为，例如欺诈行为或者盗窃行为。即使在侵占商业秘密的民事诉讼中，也规定了对通过不正当手段访问商业秘密行为的刑事检控。外部人员通过黑客手段访问商业秘密的行为尤其危险，因为公司的所有商业秘密可能在几分钟内丧失殆尽。红队❶的攻击能够测试公司防范外部人员的安全措施并为公司员工提供宝贵的训练机会。

外部人员通过正当手段访问商业秘密

外部人员通过正当手段访问一个公司的专有信息，唯一的原因是公司或者公司的工作人员对于有价值的信息没有采取针对外部人员的限制措施。信息泄露的方式多种多样，最常见的如表 6－1 所列的种类。

---

❶ 公司自己设置的故意找漏洞的人。——译者注

表 6－1　专有信息被外部人员访问的典型途径

专有信息被外部人员访问的典型途径
在商业展览会、会议、走访客户或者会谈时因为粗心大意或者疏忽导致泄露
向潜在客户、合同制雇员或者潜在的雇主披露相关信息而未采取保密措施
内部人员在公共场合讨论专有信息
通过信件或者因特网传递专有信息时出现错误
处置公司的记录、文件、计算机或者存储介质时粗心大意

粗心大意、疏忽和未采取保密措施的披露

粗心大意、疏忽和未采取保密措施的披露在第 4 章的一部分内容中详尽地讨论过。要防止出现因为粗心大意、疏忽和未采取保密措施的披露，唯一有效的安全措施是对员工进行保密教育。为了防止上述泄露行为，员工需要知道什么情况下会造成粗心大意、疏忽和未采取保密措施的披露，哪些是公司的商业秘密。由于公司专有信息的安全取决于最薄弱的环节，因此这种教育不能是针对部分员工的偶然的或局部的培训。每一个知道公司任何商业秘密的员工都需要认真接受培训和强化学习，以避免粗心大意、疏忽和未采取保密措施的披露。

这里也要给大家重点提示，如果仅仅是竞争方情报人员对其身份或者动机进行错误的描述，不构成违法行为。在一个商业展览会上，不论一位竞争方情报人员描述其是“州立中央大学”正在做研发的教授，或者描述为“ABC 公司”专业的安全人员正在为公司内部的一项安全项目收集信息，或者描述为“竞争对手 X”的一个因不满而打算辞职寻求新工作的员工等都没有影响。如果一项信息属于商业秘密，公司内部人员不得将这些公司的专有信息在没有采取保密措施的情况下披露给任何第三方，不论其真实身份和动机是什么。

无论该情报人员如何错误地描述其身份和动机，或者直接说其已被竞争对手聘用，试图合法获得专有信息，这些都不重要，重要的是在任何情况下公司员工都不要披露这些信息。员工当然会意识到后面的情况是危险的，还应当教育他们如何正确处理专有信息并认识到前面的情况同样危险。

在公共场合谈论专有信息

内部人员在公共场合谈论专有信息是一个严重的问题。我们所说的公共场合是指外部人员在场的任何场合，包括发生在以下场合的会谈：酒店大堂、机场候机大厅、餐馆、对公众公开的或者内部人员可以畅所欲言的私人处所的社交聚会、乘坐公共交通工具的旅途中等。在这些场合中，无意中听到的外部人

员没有义务堵住自己的耳朵或者躲到听力可及范围之外，这些场合也没有禁止他们为了个人目的或者其他目的复制、披露或者使用这些信息。

这种问题同样适用于公共场合的手机通话。这种情况下，虽然仅有一方谈话者的内容被披露，但这也会构成公开披露。特别是谈话者忽略了周边环境对着手机大声说话，更增加了这种风险。很可能公司的商业秘密通过他的喊叫被候机大厅所有人都听到了。

下面以具体案例说明其危险性。二十年前，本书的作者之一去参加某一行业最大的年度展会，在航班上凑巧坐在同去参加展会的竞争对手的两个销售代表后面。在3个小时的航程中，这两个销售代表详细地讨论了他们公司参加此次展会的策略，包括他们对抗笔者所在公司的销售策略。其中一位甚至对另一位讲，对于此次展会推出的一款万众瞩目的新产品，不要花太多力气，因为还没有真正开发完成。了解到这一产品是一个“雾件”后，笔者所在公司在展会上成功挫败了竞争对手在展会上的销售行动，而竞争对手永远不会知道为何会发生这样的事。

竞争对手的员工在有外部人员的公共场合讨论了特别敏感的专有信息。他们的行为与在自己的办公室没有区别。以正常的嗓音说话，相当于将自己展会上的“秘密”计划告诉飞机上包括竞争者在内的可能听到的所有人。听力范围的接收者并没有保密的义务。其实，对其雇主诚实守信的责任促使笔者立即在展会上将这一“竞争性情报”信息告诉了其雇主。这些销售人员如果知道其最大的竞争对手的地区销售经理就坐在他们的身后，他们还会在公共场合讨论这些敏感信息吗？当然不会！但他们不知道竞争对手就在那里，这就是问题所在。不能在公共场合讨论专有信息。否则这种讨论将会产生严重风险，导致所有人在毫不知情和毫无追索权的情况下丧失掉其商业秘密所有权。

通信中的错误

无论任何媒介中的通信，偶然错误是不可避免的。当员工发送包含专有信息的电子邮件时，写错电子邮件地址最为常见，例如，将“Fredsmith421@aol. com”错写成“Fredsmith412@ aol. com”。只能删除错误邮件并寄希望于“Fredsmith412@ aol. com”不是竞争对手的邮箱。由于错误邮箱地址的收件人可能对收到的信息并不感兴趣，这种方式泄露专有信息的危害似乎小一些，但这种可能性还是有的。

仅仅是靠告诫人们小心来完全防止通信中可能出现的错误是不可能的，错误还是会发生。当向公司以外的人传送专有信息时，应当严格限定仅能向促进公司目标的人发送，以控制可能的泄露。而且专有信息的传输应当加密，以确保只有正确的接收者才能打开这些信息。数字版权管理系统的迅速发展，使得程序透明化，当专有信息禁止传输时，会给信息使用者明确标出。

在所有专有信息传输过程中，无论信息是否加密，都应当标注上“专有和保密”，根据 UTSA 对侵占的定义，由于传输错误而接收到信息者“知道或者有理由知道该信息是商业秘密，并且知道其获得该信息是由于传输事故或者错误”。

粗心大意的处置行为

外部人员通过合法途径获得专有信息的最后一种方式是公司在处置记录、文件、计算机或者存储介质时粗心大意，这种方式给很多公司造成了严重的损失。公司需要对包含所有专有信息的材料进行合理处置，包括科研样机和制造设备，以确保他们离开公司后不被外部人员访问。公司废弃物是竞争方情报人员寻找公司专有信息的首要目标。公司丢弃掉的废弃物是公众可以访问的，从中访问此类信息不属于犯罪，原告不存在针对这种行为的起诉缘由，因此，该信息上的商业秘密知识产权也就丧失了。“废纸考古学”是竞争性情报专业人员非常喜爱的技术。

为了防止这种损失，仅靠员工教育还不够。公司必须采取必要措施来正确处理包含专有信息的材料。整个公司都应当布置带锁的废弃文件处理柜，由可信的外部公司进行定期清理并进行现场销毁。在同样的位置还应当布置针对废弃的含有专有信息的光盘、闪存盘、软盘和硬盘的处理柜。许多现场销毁公司能够允许用一个处理柜将这些存储介质和纸质文件放在一起。在文件处理柜的位置还应当标注公司负责废弃材料回收人员的内部电话号码，以便回收更大件的废弃材料，例如科研样机、废弃的制造设备等。如果没有给员工提供处置含有专有信息材料的安全措施，在这种情形下等同于没有采取合理措施，将导致公司商业秘密所有权的丧失。

这里需要对磁性存储介质作特别提示。删除硬盘上存储的数据实际上并没有真正消除这些数据。相反这些数据只是被标注上删除标记，仍然保留在硬盘的一个未分配的单元。删除掉的数据能够用专门的软件恢复回来。与此类似，格式化硬盘也没有消除硬盘格式化之前所存储的数据。专门的软件和硬件能够辨别出“现在是 0 原来也是 0”及“现在是 0 但原来是 1”，也能辨别出“现在是 1 原来也是 1”及“现在是 1 但原来是 0”。甚至硬盘仅仅进行一次重写，假如该硬盘被公司丢弃后被其他公司获得，则有可能恢复重写之前的数据。安全删除软件能够进行多次重写删除数据，使该数据不可恢复。但是，最好的解决方案还是将这些含有任何专有信息片段的硬盘和其他电子介质完全销毁。但是有些公司将其用过的计算机设备捐赠给慈善机构，基于上面分析过的原因，这种做法并不值得推荐。公司应该销毁其旧电脑，而给慈善机构捐赠现金。这样对慈善机构更有用，长远来看对公司也更经济。

外部人员通过不正当手段访问商业秘密

人们听到窃取商业秘密时，通常想到的是非法访问专有信息，因此公司尽力在这一领域保护其知识产权是有历史传统的。非法窃取发生的方式包括欺诈、入侵、偷窃、黑客及引诱内部人员违背其获得的信任或者合同的保密义务等形式。公司发现非法访问商业秘密行为后，其可以通过以下方式维权：针对违法行为的刑事检控及针对侵占商业秘密的民事诉讼。

但是，只有当公司意识到偷窃行为或者公司确认了作案人，才可以采取这种追索方式。偷窃商业秘密的独特之处在于，其发生时受害公司可能没有丢失任何东西，而且可能并不知道偷窃行为的发生。偷窃有形财产，例如一台机器，必须将其从公司移走，这样的丢失也是会被注意到的。偷窃知识产权可能是一种复制信息的行为，没有丢失东西来显示出偷窃行为的发生。由于商业秘密的价值源于其保密性，偷窃行为破坏了信息的保密性，虽然公司仍然占有该信息，但其对公司的价值已经丧失。

保护商业秘密不被外部人员非法窃取必须做到以下三点。第一，公司应当采取措施使非法窃取难以发生。第二，公司应当采取措施确保非法窃取商业秘密的行为能够被发现。第三，公司应当采取措施确保获得非法窃取商业秘密行为的证据，以使公司能够确定作案人。

欺诈的窃取方式

以欺诈的方式窃取商业秘密，往往是外部人员虚假地介绍自己是内部人员，以骗取另一内部人员披露专有信息。欺诈性的陈述是不正当手段，其访问专有信息的结果是可诉的侵占行为。

一个以欺诈的方法访问商业秘密的例子是，外部人员递交伪造的名片，将自己说成是与商业秘密所有人有信任关系的公司的员工。这个莫名顶替者甚至会把自己说成是商业秘密所有者另外一个部门的员工或者一个偏远地区销售部的销售员。依靠这种虚假的描述，通过引诱将商业秘密信息泄露出来，商业秘密所有者就被欺骗了。这种虚假陈述是可诉的。

与之相比，前面章节讨论的商业展览会的情况没有保密关系的虚假陈述。而在本部分，虚假陈述单独地与外部第三人的保密关系有关。下面的情况则没有可诉的欺诈。竞争方情报人员声称与某公司或者组织有联系，而该公司或者组织并没有保密的义务，实际上已经将自己定位为一个外部人员，专有信息不应当披露给他。而对于以欺诈手段访问商业秘密，外部人虚假地描述自己是内部人员，以引诱将向其公开信息，如果贯以其真实身份，这些信息是不会给他的。

防止以欺诈手段访问商业秘密，要确保商业秘密信息披露的对象要有保密的义务。尽全力确保某人确实是其所声称的人，可采用在现场签署一份附加保密协议的方法达到这种要求。更保险的方法是在任何特殊情况下都不披露专有信息，而仅在更好的计划和管理活动中进行披露，例如在展会或者其他产业活动的仅限受邀请的演讲活动。

通过非法入侵访问

当外部人员未经许可进入公司办公区域访问专有信息就属于通过非法入侵访问商业秘密。未经许可的进入可以包括侵入公司办公区域对其他地方不能看到的项目进行拍照，在参观工厂或者访问公司的过程中进入不被许可的区域，或者在一些极端情况下通过破坏手段进入公司。在电影中经常见到间谍闯入一幢大楼用微型相机拍摄秘密文件，这些情节就属于以非法入侵的方式访问商业秘密。非法入侵是一种不正当手段，其访问专有信息的结果也是可诉的侵占行为。

要防止这种非法入侵，最好的办法就是要让未经授权进入公司建筑物的行为难以实现。控制、报警、探测器和摄像监控进入，阻止未经授权的进入。另外一点也很重要，就是外人进入公司基地后要全程陪伴参观，以防止他们在允许的参观过程中进入禁止的区域。

通过公司建筑物内的安全监控器监测非法入侵的行为。安全监控应当不间断地记录敏感区域的活动，并且安全录像带应当存档。仅在高度敏感的信息产生、使用或者存储的地区采取上述措施进行严格限制，这样可以减轻财务和操作上的负担。在一些空白区域，例如下班以后的车间，探测器可以和保安结合起来，以便监测到非法入侵者后能够立即将其抓捕。

安全录像带或文件的视频要能够确保辨认、抓捕和定罪任何非法入侵者。如果仅仅知道发生了非法入侵并且专有信息可能已被访问，但无法确定入侵者，这几乎没有什么用处。而且除了将安全监控录像带和文件存档外，公司还应当保留其他的访问记录，例如访客记录、身份证件阅读记录等。由于商业秘密可以无限期地存在，因此商业秘密产生、使用和存储的地点的访问记录也应当无限期地保留。

在所有的非法入侵访问商业秘密的案件中，重要的一点是立即将非法入侵行为报告给主管部门。必须确立零容忍政策。必须起诉所有的非法入侵者。公司通常不愿意将这种事件报告给警方。要认识到非法入侵行为将公司所有的专有信息置于危险境地。警方有手段拘捕和起诉非法入侵者，这是仅仅靠提起民事诉讼的公司所不能做到的。而且，如果刑事责任确定，在后续的民事诉讼中会作为一种法律事项确定法律责任，后续的问题仅仅是确定赔偿的数额和禁令救济的范围。即使没有刑事责任，陪审团也是希望将非法入侵事件报告给警方的，如果陪审团知道没有报告的话，会对民事诉讼产生影响。

以窃取的方式访问商业秘密

当外部人员偷窃一份或者多份包含专有信息的材料时，就属于以窃取的方式访问商业秘密。在参观公司过程中，窃取行为可以发生在公司内，例如访问者在参观工厂的过程中秘密地从无人的桌子上拿走文件或者存储介质；窃取行为也可能发生在公司外部，例如从公司出差员工处窃取其笔记本电脑。无论何种情况下，窃取行为都是非法的，这种访问专有信息的方式是可诉的侵占行为。

根据窃取行为发生在公司内部或公司外部，防止窃取行为分成两种情况处理。为防止发生在公司内部的窃取行为，外部人员在公司内时，需要内部员工全程陪同。访问者处在防护网以内，由于商业秘密就产生、使用和存储在这里，不能让访问者随意漫步。

要防止发生在公司以外的窃取行为是很困难的。员工的笔记本电脑、公文包和他们的汽车里都有专有信息，这三个都是被窃取的目标。一般情况下，盗窃者只是对物质本身感兴趣，对其中所包含的信息并不感兴趣，但泄露的风险还是非常高。当盗窃者知道公文包中包含的信息比公文包本身更值钱，谁知道他会怎么做呢？令人更为不安的是，已经有一些案例就是通过间谍窃取这些目标来访问公司的专有信息。

窃取笔记本电脑已经变成尤其让人头疼的丢失专有信息的方式。本书写作期间，报纸报道了几个引人注目的案件，无论是为了控制损失而进行的工作还是维护所涉公司的声誉所需成本都是巨大的。必须警告员工，其汽车、公文包特别是笔记本电脑都是窃取的目标，其中包含的专有信息面临因失窃而泄露的风险。管理人员需要改变其整天拎着包含大量公司保密信息的笔记本电脑和公文包的习惯。

有几种方法可以防止和察觉窃取行为，或者减小这种已发生的窃取或者访问行为的影响。一种方法是限制纸件的使用，将笔记本电脑中包含的敏感信息加密，以防止因被窃而泄密。第二种方法是，采取措施跟踪被盗物品并在盗窃者访问其中的信息前将其夺回，例如利用 GPS 定位仪器跟踪公司管理人员失窃的公文包或者笔记本电脑。一种降低盗窃行为不利影响的方法是，限制员工带出公司信息的数量，可以通过出门检查程序实现，使用公司文件服务器来控制个人笔记本电脑上文件的数量，甚至可以用一种简单的方法，就是把大文件拆分成个人可以工作和使用的小的片段文件。预防、监测和降低窃取行为不利影响的技术发展非常迅速，公司在选取其中的某一套方法前应当认真地进行研究。

公司往往不愿意将那些所谓的“轻微的盗窃行为”报告给警方。但是盗窃行为并非仅仅涉及一堆纸、光盘、笔记本电脑或者 USB 闪存盘。它可能是公司未来五年的战略计划、公司下一代产品的设计、公司尚未披露的上一季度的财务数据。丢失的这些信息很可能价值数百万美元。还是那句话，警方有手段拘捕和起诉非法入侵者，这是仅仅靠提起民事诉讼的公司所不能做到的。而且，如果刑事责任确定，在后续的民事诉讼中会作为一种法律事项确定法律责任，后续的问题仅仅是确定赔偿的数额和禁令救济的范围。即使没有刑事责任，陪审团也是希望将非法入侵事件报告给警方的，如果陪审团知道没有报告的话，会对民事诉讼产生影响。

以黑客手段访问商业秘密

黑客访问是指未经允许通过外界的电子线路与公司计算机连接，访问其中的信息。通过黑客手段登录公司计算机是一种违反《联邦计算机欺诈和滥用法案》的犯罪行为，也有可能是违反联邦经济间谍法的犯罪行为。访问专有信息的结果是一种可诉的侵占行为。

以黑客访问商业秘密这种故事情节往往是公司信息技术经理的噩梦。没有哪种访问商业秘密的手段能够像黑客手段这样迅速和具有破坏性。公司被欺骗的时候对发生的事件一无所知，这种行为仅需要将整个安全系统撬开一个小的突破口即可完成。由于公司和黑客都是连接的高速网络，因此黑客登录公司计算机系统后往往只需要几分钟就能下载公司的全部专有信息。

通过黑客手段访问商业秘密是很多畅销书籍和电影的主题。随着大量数字安全产品投放市场，它们的专业技能就是防止、监控和记录通过黑客手段非法访问公司商业秘密。哪一款产品适合哪一个公司是由很多因素决定的，包括公司的资源、威胁的程度、信息泄露的不利风险因素和公司使用的具体网络、硬件和软件技术等。这些内容很复杂，超出了本书的范围。

但是，必须在此强调一下“纵深防御”的重要性。公司应当避免“马其诺防线”：建立一个很长的强大的防线，一旦被突破就几乎毫无用处。黑客通过拨号上网登录公司的内部网络或者文件服务器，不应当造成毫无阻碍地访问公司所有的专有信息。在这种情况下，黑客将在窃取某一个员工的适配器后恶意地访问公司全部的商业秘密，该员工甚至来不及发现或者报告该窃取行为。

有效防范黑客的纵深防御措施要包含许多战略。应当拆散专有信息，以便能够重复再现某项技术的所有信息不会存在一个地址。信息访问控制应当限定每个员工仅能够获得其所需要知道的信息。应当建立信息访问的追踪制度，保留专有信息访问的记录并无限期地保存。高度敏感信息根本就不应当允许从公司外面的网络进行访问。最敏感的信息不应当以任何数字的方式存储，而仅应当以防拷贝纸件的方式保存在安全的地方。计划和这些措施的执行应当由有经验的专业人员进行，并且根据公司的需求和资源进行详细制订。

通过诱导违约访问商业秘密

当外部人员给予内部人员一些好处并以泄露公司的专有信息作为对价，这种情况就是通过行贿或者引诱违背基于信任或者合同的保密义务。在这种情况下，外部人员实施的引诱行为属于不正当手段，违约行为本身（内部人员泄露专有信息的行为）和访问专有信息的结果都是可诉的侵占行为。

实际的引诱可能是通过金钱、财产或者其他资产，或者是外部人员以给内部人员提供帮助的方式。引诱也有可能采用敲诈勒索的手段，如果内部人员不披露专有信息，外部人员会以对其不利的行动相威胁。

由于员工有权在任何时间寻求其他的工作机会，因此外部人员仅仅给内部人员提供一个新工作并不算引诱其违约，除非是在提供新工作时明确以内部人员违反保密约定作为对价。如果新工作的条件或者补偿不符合行业或者公司的惯例，则可能被推定为新工作是以披露专有信息作为对价的。例如，一个工程师更换新工作后工资增长了40%，同时还有一笔5万美元的签约奖金，在证明专有信息被泄露后，会导致法院推定新雇主引诱员工违约。正因为这个原因，新雇主在雇佣期间给予前雇员的雇佣条件，包括所有的补助和收益等，经常是侵占商业秘密诉讼中证据开示程序中需要提交的内容。

预防引诱违约行为的发生，要从公司雇佣和晋升程序中开始。对于将要入职到能够接触到专有信息的敏感职位的员工，不论是公司将要雇佣的新员工，或者即将晋升的现有员工，都应当认真地筛选。在决定聘用或者晋升之前应当认真考虑以下因素，包括以往的犯罪记录、奢侈消费习惯或者大笔债务情况，滥用药物的历史以及其他容易使该员工成为引诱目标的风险因素。在员工教育中告知其保密义务以及违反保密义务的后果是一项重要的防范措施，以确保正确地通知员工公司专有信息的构成及其保密义务。

红队的攻击

评估一个公司防范外部人员威胁措施效果的有效方法是利用所谓的“红队攻击”，这个名称来源于战争游戏，用以指扮演敌对力量的军事分队。红队攻击用作测试公司阻止外部竞争情报专家的能力，看看他们是否能够突破公司的安防系统。红队由公司总顾问及高级管理人员雇佣，不能让公司的其他人员知晓。在没有知晓任何关于公司专有信息安全措施、位置和特征的内部信息的情况下，红队发起突破公司安防系统访问其商业秘密。红队攻击的结果形成一份报告，记录其访问的信息以及访问这些信息所使用的手段。

结果可能让人大吃一惊，也可能令人恐怖。保护公司专有信息的安防系统主要取决于其最薄弱的环节，情报专家善于发现这些薄弱环节并利用它们。通过利用专家攻击自己的安防系统，公司能够识别出其薄弱点并在必要时升级其安防措施。

使用红队攻击来测试公司安防系统也具有保持员工对安全意识的警觉性的积极作用。系统管理者运用其系统的安全技术，防范专业的敌对势力，并从中获益，某种程度上等同于一个巨型的计算机游戏。没有人希望在红队报告中被记录下因为薄弱环节泄露公司的专有信息，当然更不会有人希望被这样记录两次。

小　　结

外部人员可以通过合法和非法手段访问公司的专有信息。通过正当手段访问商业秘密往往是公司员工粗心大意造成的结果，唯一防范措施是员工教育。通过正当途径访问商业秘密，公司没有理由提起诉讼，公司将丧失对该信息的商业秘密财产权。相比之下，通过非正当手段访问商业秘密的情况下，针对侵占商业秘密的不正当和违法行为，公司可以通过刑事程序获得救济，并以侵占商业秘密为由提起民事诉讼。红队攻击是测试公司防范外部人员攻击的安全防范系统效果的有效手段。

第 7 章
防范内部人员的安全措施

概　要

公司防范外部人员窃取专有信息的安全努力很有效，如今通过内部人员窃取成为信息失窃的最普遍途径。通过以下手段应该能够有力控制内部人员窃取行为及其不利影响：归类信息、访问控制、访问追踪等。雇佣合同要进行缜密管理，员工处理专有信息所使用的全部电子设备要实行公司所有制，如果一旦产生民事诉讼，可以加强公司的法律地位。其中一些程序也适用于合同工、顾问、供应商以及对商业秘密有访问资质的客户。

内部人员的威胁

本章讨论防止内部人员窃取专有信息。这不同于第 4 章讨论的因疏忽和无保护而造成的泄露。通过有效的商业秘密氛围防止因疏忽和无保护而造成泄露的方法将在第 10 章进行讨论。

也许并不能立即搞清楚为何需要对内部人员加以防范。内部人员是指已经访问专有信息的人员，基于信任或者基于约定在商业秘密的形成、使用和存储过程中已经负有保密的义务。这恰恰是内部人员能够轻而易举窃取专有信息的原因。根据“ASIS 国际第十届专有信息流失趋势调查”的报告，内部人员窃取专有信息的总数和总价值远远高于外部人员。

究其原因，部分是因为外部人员窃取专有信息的威胁，一直以来都被公司视为重中之重，采取有效的减少损失的措施日益增多。同时，公司有意回避内部防范政策——可以被解读为——表明他们不信任员工。不管怎样，公司的商业秘密如今更有可能被内部人员窃取而非外部人员。

这并非令人惊讶，不妨考虑一下：即使每年员工的辞职率低至 15% ，那么 1000 名员工当中，每周就有 3 名员工离职。这 3 名离职的员工离开公司，不是因为他们得偿所愿，他们满心欢喜，他们对自己的工作心满意足。除了退休的人以外，（离职的人）离开此处以寻求潜在的更广阔的天地。他们对公司的忠诚纽带被破坏了，公司必须依赖其正直的品性来赢得其继续履行保密义务。

公司雇用的大部分人都是值得信任的吗？当然。但是一个拥有 15000 名员工的公司每年只有 15% 的员工跳槽，也就是说，每周 45 名员工。那么这 45 名员工都是可靠的吗？那么上个月跳槽的 180 名员工都是可靠的吗？去年离职的 2250 名员工都是可靠的吗？没有一个“坏老鼠”吗？甚至那些下岗的或被辞退的员工呢？

公司面临着看起来无法解决的问题。必须将商业秘密公开给员工、承包商、顾问以及供应商，以获得商业秘密提供的具有竞争力的优势。掌握了商业秘密的一小部分员工、承包商、顾问以及供应商，有可能会背信弃义，为了自己或他人的利益而复制、使用或公开商业秘密。内部人员防范措施会被视为对员工的不信任，从而打击员工的工作积极性，降低其对公司的忠诚度，从而引起更严重的离职，以及那部分员工更倾向于违背公司信任、违反公司保密义务。商业秘密文化的氛围触碰了员工最后的底线（第 10 章将会进行讨论）。本章将着眼于内部人员的防范措施，因为其一定有机会接触到商业秘密信息来履行其职责。

访问控制、归类以及需要知道

虽然有时公司的商业秘密不得不公开给内部人员以便于为公司所用，但不是所有的商业秘密必须泄露给每一个内部人员。从事新一代产品的工程师们不需要知道公司的专有财务信息或者为开拓产品市场而展开的营销战争的保密计划。客户关系经理不需要知道研究部门的最新实验结果。审计人员也不需要知道保密的、即将面世的、新产品特性的推广进度表。

将商业秘密公开给员工及其他内部人员应仅限于内部人员需要知道的这些商业秘密，旨在强化公司的业务目标。所有其他内容的公开都使公司的专有信息置于被内部人员窃取的风险增大的境地。

信息归类是在公司内部限制专有信息公开的方法之一。其中，专有信息只在公司内部需要的地方才被公开，为了完成指派的任务。例如制造类商业秘密仍然在制造领域，工程类商业秘密仍然在工程领域当中等。大多数公司都进行一些信息归类，将财务类商业秘密公开给财务部门和高级管理部门以外的公司员工是异乎寻常的。更广泛的和更有效的信息归类对于保护公司在其他职能区域的商业秘密是非常必要的。

随着功能层面的信息归类，仍然一小撮潜在的雇员，拥有公司的所有商业秘密。公司的财务、营销、销售、工程以及制造部门的每一位前任员工都足以有效地再造公司的关键技术和方法。因此，对职能级别的信息归类之外的公开进一步加以限制是十分必要的。

信息归类也可以在部门、团队或项目层面展开。何种层面较为合适取决于公司的结构、信息的敏感度以及未经授权而使用的风险程度。在实践当中，对于不同种类的信息、不同职能领域以及不同的项目公司对内部不同层面的信息进行归类都是适当的。

通过访问控制来执行信息归类。访问控制对员工在个人基础上访问专有信息进行了限制。如果员工是负责项目 X 的质量保证部门的工程师，那么他或她将有资格访问职能层面上进行信息归类后的工程相关文件，有资格访问部门层面上进行信息归类后的质量保障部门的文件，有资格访问项目层面上进行信息归类后的项目 X 的文件。他或她没有资格访问不同项目、不同部门或不同职能区域的文件。如果员工被指派去暂时协助项目 Y 的质量保障，那么在那段时期，他或她的帐户的访问控制就会调整为允许访问项目 Y 的 文件。

通过限制任何个人或团体中的员工可访问的信息，访问控制限制了未经授权的复制、使用或公司的专有信息泄露引起的损害。

访问追踪

执行访问控制的软件典型地提供了访问跟踪的机制。访问追踪对于证明访问任何未来的商业秘密侵占诉讼非常重要；而该诉讼对于保护公司的专有信息是必要的。访问跟踪也提供了一种方法，检测未经授权的访问以及在未经授权访问的尝试以及记录未经授权的访问和尝试。

检测和备案非常重要。如果一位未经授权的员工企图访问公司的专有信息，那么该员工将会被立即终止其职业生涯。企图超越其履行分派的必要工作任务而访问专有信息对于公司来说相当危险。专有信息的存在是为了加强公司的业务目标。在未经授权访问之处尝试从定义上说与强化公司的业务目标相悖。这种为了个人利益，未经授权地使用公司的专有信息的做法，从定义上说违背了员工的保密义务。未经授权访问——包括超过授权访问地——访问计算机上包含的信息，也违反了《联邦计算机欺诈和滥用法案》。

访问追踪软件应该被设计为保持访问所有专有信息的日志。因为商业秘密能够被不限期地保留下来，所以记录访问的日志以及在服务器上有关商业秘密形成、使用和存储的活动，都应当被无限期地保留下来。

内部人员通过正当和不正当的手段访问

外部人员通过正当与不正当的手段访问公司专有信息的区别已经在前一章作了区分。我们现在看到，既然对于内部人员也存在同样的重要区别。一旦专有信息得以归类，访问控制得以执行，对于每位员工来说，公司专有信息的访问可以分为经过授权的和未经授权的访问。每位员工经过授权而使用的专有信息是根据给他们分配的工作任务而做出的个性化调整。访问授权范围内的专有信息是正当的，而访问授权范围外的专有信息是不正当的，公司可以起诉，并可作为终止合同和诉讼的理由。

然而，内部人员通过正当手段访问与外部人员访问具有显著区别。就外部人员而言，通过正当手段获得专有信息的复制、公开或使用都不是可控告的，而通过非正当手段获得专有信息的复制、公开或使用是一种侵占。相比之下，不管信息如何被访问，内部人员未经授权地复制、公开或使用专有信息均构成侵占行为。当出于一定的目的，如执行分派的工作任务，而将信息泄露给某位员工时，超过该授权即可视为侵占，即使该访问是通过正当方式。如果涉及以经济为目的而存储信息，此类行为也构成违反《联邦计算机欺诈和滥用法案》的行为。

招聘面试

在最初招聘面试时，就要开始预防商业秘密免受内部人员所威胁。有望聘用的准员工应被告知他或她负有尊重和保护其新雇主的知识产权之义务。在这种情况下，他或她在录取后，表明其明确认可对于新雇主的期望义务。在公司决定录用之前，以及在有望被聘用的准员工告知其目前的雇主自己即将离开公司之前，准员工在面试之时应取得一份雇佣合同副本。本着平等的原则，在新员工通过正常途径解除上一份雇佣合同之后，法院常常不会强制执行提供给新员工的雇佣合同条款。

已经有人指出，没有适用于商业秘密的“职务作品”的信条，所以雇佣合同应当包括一个商业秘密分配条款。雇佣合同也应当包含根据法律，引述雇员的忠诚合同以维持公司专有信息的保密性。对于高级员工和那些在极其敏感位置上的雇员，一项非竞争条款也是适当的。雇佣合同应当由知识产权顾问认真起草，以适应员工工作地点的州法律条款。

在任何情况下，不遵守雇佣合同的员工都不得开始工作，或者进入公司内部，除非以参观者的身份。除非遵守了雇佣合同，否则公司的专有信息不得泄露给新员工。直到雇佣合同生效，否则新员工仅是一个潜在的员工。

在面试期间给员工提供雇佣合同的另一个原因，是让潜在的雇员有充足的时间审阅文件。如果员工已经事先浏览过所有相关文件，就职的第一天进行的所有必要的文书工作的进程都会加快。

雇佣期间

就商业秘密这一主题，讨论员工的培训和管理将在第 11 章“建立商业秘密文化”进行讨论，但是在这里应当提出一点建议。在员工供职于公司期间，雇佣合同应当每年更新一次。一旦发生商业秘密侵占诉讼，20 年雇佣合同可以追溯到员工就职的第一天，不像在他/她就职期间每年签署雇佣合同那样不可或缺。

离职面谈

员工复制、披露或使用商业秘密面临的最大风险的时期是他/她离开公司之时。员工知道的专有信息都是炙手可热和有价值的。员工对于公司的忠诚纽带或许会瓦解，尤其是当他/她的离职是被解雇、因事由终止或者在异常情形下辞职。员工可能直接去公司的直接竞争对手那里效力，在那里专有信息将大有用武之地。

因此，建议离职面谈包括商业秘密部分，即商业秘密离职面谈。在商业秘密离职面谈过程中，向员工展示公司商业秘密和专有信息种类的高级别清单，他/她在雇佣期间已经访问且已被公开。他被要求签署一份声明，对下列表示认可：(1) 公司面谈官对员工保护公司专有信息的忠诚义务予以评议；(2) 员工同意不会公开或者使用这类信息为自己或他人的利益所用；(3) 员工向公司归还所拥有的所有专有信息的复制品；(4) 员工不拥有与专有信息有关的任何信息；(5) 员工了解如果他或她对是否是商业秘密有疑问，有义务询问。员工的离职证明也应当由面谈官签字。商业秘密离职面谈证明应当保留下来。商业秘密离职面谈证明样本请见附录 E。

那么，如果员工拒绝在商业秘密离职面谈证明上签字会怎样呢？该证明只是重申了员工事先存在的对保护公司专有信息有忠诚的义务，以及在离职时把所有这些信息归还给公司的义务。在商业秘密离职面谈证书上签字并不能产生新的义务。然而，未能在商业秘密离职面谈证书上签字，在商业秘密侵占诉讼中可以理解为其具有不良企图。

从公司的角度来看，通过商业秘密离职面谈，来保护公司避免遭遇日后员工声称“我不知道我的义务”或“我不知道这是商业秘密”的情形。商业秘密离职面谈证明，由面谈官和证人签署，无论员工签署该证明与否，都构成了员工离开公司时注意知悉其商业秘密义务的同一时期的证据。公司会巩固其立场，即其已经采取合理措施来保护其商业秘密。

提供装备

如今，可移动办公的劳动力有赖于笔记本电脑、平板电脑、黑莓设备、手机、USB 闪存驱动器以及许多其他的便携式电子和数字存储驱动器进行办公。在很多情况下，员工使用其个人设备，而公司为费用报告单支付服务费。这种允许使用个人设备的情况会伴随着风险：公司应当为员工提供和购买为完成工作任务所必需的个人电子设备，并严禁使用个人电子设备从事公司业务。前期投入不应是考虑要素之一。在大部分公司中，购买笔记本电脑、黑莓设备以及手机的成本低于负担员工一天工作的全部成本。

允许员工使用其个人电子设备的内在危险在于当员工离职时，该员工仍控制着这些设备。在离开公司时，按照规定，要求员工归还公司的所有财产，包括提供给他们的任何电子设备，任何电子设备和其中的专有信息都应立即为公司所有。相比较而言，在雇佣终止之时，公司无权要求访问员工个人的电子设备，且不能确保公司的专有信息被删除。此外，单纯“删除”计算机文件只会让专有信息的残余留在磁性介质上，之后可能落入前面章节已讨论过的外部人员之手。

公司尚无有效方式来确保员工设备上的专有信息已经被完全删除、未被复制、使用或被前员工公开。商业秘密诉讼不能被用作非法调查，以检查前员工的个人电脑，来获得缺失的前员工在新雇主那里不存在其他不良行为的证据。允许使用个人电脑和其他电子设备，这样当员工离职时，就会面临因未受保护带来无法预料的巨大损失的风险。

非员工的内部人员

本章中的大部分章节都在讨论内部员工。除了雇佣合同和离职面谈的讨论，其他大部分内容都同样适用于第三方内部人员，如承包商、顾问、供应商，以及依据保密协议（NDA）访问公司专有信息的一些客户。在这种情况下，内部人员对公司信息负有合同规定的保密义务，而非由雇主—员工关系产生的信托义务。由于保密协议的条款在公司的控制之中，一些与保密协议内容相关的建议都是井然有序的。

保密协议应当明确提出，公司仅用于有限的目的而公开其专有信息。对于承包商、顾问或者供应商来说，保密协议应当明确指出，这种公开仅限于承包商、顾问，或者供应商为公司提供商品或服务的有限的用途。对于客户来说，保密协议应当明确指出，这种公开仅用于有限用途—— 客户对公司产品的评估和使用。任何其他对于已公开的专有信息的复印、公开或使用都是未经授权的复制、公开与使用。根据定义，类似其他行为都由此构成商业秘密侵占，且是可控告的。

就承包商、顾问以及供应商而言，全部都在为公司提供商品和服务，向公司提供此类商品和服务应当一直由采购部在订单发出之后落实。保密协议的规则应当印刷在公司订单表格的背面，并在表格正面注明如下条款："接受本订单即表明接受印刷在订单背面的条款"，这是一个与公司有关系的所有第三方建立保密义务的有效方式。

再次，就商业秘密而言，因为没有"职务作品"的原则，与承包商、顾问以及供应商签订的保密协议应当包含转让给公司范围很广的知识产权，其包含由承包商、顾问以及供应商在向公司提供商品和服务的过程中形成的所有信息。该转让应当由知识产权顾问认真起草，以确保公司取得这些信息的权利，以付费独占使用进行研发。

最后，应当给承包商、顾问和供应商提供必要的公司拥有的电子设备，以使他们在任何可能的情况下完成工作任务。合同完成或终止之时将这些设备归还公司，这一点应当明确规定在合同条款中。如果公司无法提供这些设备，合同应当涉及检查承包商、顾问或者供应商所使用的全部电子设备的权利。

小　结

我们已经看到，在大多数公司中，内部人员对于专有信息的威胁如今已经超越外部人员的威胁。结合信息归类、访问控制以及访问跟踪，内部人员的这种威胁可以得到有效管理。认真管理雇佣合同，并确保由雇员处理的所有专有信息只能在公司所有的电子设备上执行也是非常重要的。类似的措施也适用于承包商、顾问、供应商以及受信于内部人员可以访问公司商业秘密的客户。

第 *8* 章
信息流入安全

概　要

如果一经查明公司要对其员工侵占商业秘密承担责任，该公司就有可能蒙受巨大的财产损失。在雇用来自竞争对手的新员工时，这种流入信息泄露最为危险。公司必须实施流入安全措施，以确保不会承担此责任，包括员工管理政策，以及商业秘密使用的归类和记录。流入信息泄露也可能发生在商业秘密许可过程中。许可谈判失败的话，公司会被禁止独立开发该商业秘密信息。许可谈判可以结构化，以确保即使谈判失败，公司也可做出替代决定，或证明该信息不适合公司需要，以保持公司独立开发的自由。

流入安全威胁

即便对自己的商业秘密采取了无懈可击的安全措施，如果一经查明要对某位员工侵占商业秘密承担责任，公司就有可能在民事诉讼中损失上百万美元。在此情况下，另一家公司的专有信息便成为讨论的焦点。回顾 UTSA 对侵占的定义："侵占是指未经权利人明示或者默示许可，披露、使用该商业秘密，且当事人在披露、使用时，明知或应知该商业秘密知识是来自或通过对申请司法救济的权利人负有保密义务或限制使用义务的人。"根据 UTSA 定义，如果公司未经许可使用另一家公司的商业秘密，且该公司明知或应知该商业秘密来自于一名员工，而作为前员工，其对该另一家公司负有保密义务，则该公司应被判侵占商业秘密。

UTSA 定义的关键在于"明知或应知"，但是最近，有些法院在雇主一雇员关系案的雇主责任原则中采用了严格的责任原则。根据雇主责任原则，如果能够表明（1）公司对员工的行为有直接控制权，且（2）公司为侵占行为的受益者，则可判公司对侵占商业秘密担责。当公司员工侵占商业秘密时，上述两项条件均有可能成立。员工在完成交给他的工作任务时，就认为其处于受雇主指派的状态，而且在完成这些任务的过程中，公司必然因侵占商业秘密而获得经济利益。

为避免因雇主责任而担责，需要采取合理的保护措施，以免从其他公司输入商业秘密。由于员工受公司直接控制，作为其代理人，公司应当是已经采取过合理措施来确保其员工没有实施侵权行为。对员工侵占他人专有信息的行为采取“避而不谈”或“视而不见”的政策，恰恰是对流入信息侵占的错误做法。在侵占商业秘密的诉讼中，“鸵鸟防御”策略是不会保护公司免于担责的。

随后，不论是按照雇主责任原则，还是按照 UTSA“明知或应知”的规定，法院会对流入商业秘密侵占作出严厉的不利判决。法院通常会发布禁令，禁止侵占的公司继续使用非法获取的信息。在侵占判决之前，公司可以自由、独立地开发同样的商业秘密。然而，在作出不利于公司的商业秘密侵占诉讼判决之后，公司往往不再可能独立开发该商业秘密，因为此时公司已经被揭露窃取了商业秘密信息。对于法院而言，唯一有效的救济就是发布禁用禁令，禁止公司在必要时间段内使用该商业秘密，以消除因接触商业秘密信息而获得的任何提前优势

员工管理

管理流入信息安全威胁的第一步就是妥善地管理公司员工。公司必须以书面形式向所有员工明确表示，不论是在雇佣时还是此后的雇佣期内，任何情况下，员工均不得在公司内披露、使用在以前的工作中可能已经接触到的商业秘密信息。应当要求新员工签署对公司政策的确认书，且确认书应存入员工人事档案。公司应向所有员工提供公司法律部门律师的联系信息，并指导员工与这些律师讨论在工作期间可能出现的任何这方面的问题。

如果员工接到一项任务，而前雇主的专有信息对完成该任务非常有用，此时就会出现高风险的情形。该员工不可能“忘却”他知晓的事情。他已经知道哪些方法不可行，什么才是正确的解决方案，而这些信息都是由其前雇主花钱才开发出来的。为了让员工完成这项任务，公司就会担心难免披露其前雇主的商业秘密，并可能让公司在该员工前雇主提起的商业秘密侵占诉讼中承担重

大责任。在此情况下，公司安全的做法是安排该员工完成其他任务，以减少其前雇主提起诉讼的风险。由于仅有员工本人知道前雇主的商业秘密是什么，该员工应有责任提醒公司注意这些情况。

存档归类

对专有信息全部存档并进行有效归类有助于保护公司免受商业秘密侵占之诉。如果公司员工可以跨项目自由讨论商业秘密信息的开发情况，且商业秘密信息开发的存档是毫无计划的或从不存档的，则公司无法证明该信息是独立开发的。如果没有有效的程序和完整的文档（包括日期和时间）抵御不当使用他人商业秘密的指控将难上加难。

然而，如果公司内部开发和讨论商业秘密信息的情况均被归类并妥善存档，公司对侵占指控的防御能力就会增强。归类措施可以表明原告的前雇员从未从事过有争议的项目，从未接触过有争议的信息，且从未参与过有争议项目的任何讨论。公司完整地记录研发项目，详细记录独立开发过程中的工作活动以及结果，可以表明这些信息是独立开发的。

有效归类和完整地记录商业秘密的研究、开发和内部讨论过程还为公司提供了其他显著的效益，这将在本文其他部分论述。因对保护公司免受第三方起诉侵占商业秘密具有重要意义，仅凭这点就值得公司有必要采取此类措施。

新聘员工

实际上，流入商业秘密盗窃的最大危险就发生在公司从直接的竞争对手那里雇用一名新员工的情况下。此时，信息是现成的，并且对新雇主所开展的项目直接适用，而新雇主尚未了解新雇员的操守和行为。在管理新员工时，公司管理人员需注意这些警示信号。

虽然人们常常说到某人“立即快马加鞭地开展重要工作”，然而实际上，新员工需要花一些时间才能卓有成效地工作。新工程师、新销售员以及新的产品经理都需要时间去了解公司的技术、产品和市场，然后才能有效地将他们的一般知识、技能和经验运用到公司的业务中去。如果新聘工程师在新公司工作的第一周就在他的工程笔记中记录了若干项可申请专利的构思，如果新聘销售员在代表公司的第一个月内就搞定了重要新客户，或者如果新聘产品经理很快就为攻入棘手的市场制定出复杂的方案，新雇主将面临巨大的风险。公司管理层和知识产权律师应当监控这些高风险情形。

商业秘密许可的流入安全

由于独立开发商业秘密属合法行为，所以商业秘密许可必然不同于专利许可。在专利许可的谈判中，专利发明已经被公开。相反，在商业秘密许可的谈判中，商业秘密信息从未被公开过。通常，为保护公司利益最大化，在许可协议签署生效之前是无法获取商业秘密的全部细节的。

同时，还需考虑公司对于商业秘密资产面临着“是自主开发还是通过购买”的抉择。为了解决特定问题，公司可能要花费大量的时间、精力和财力去开发商业秘密的解决方案，或者通过支付巨额的许可使用费而从第三方获得商业秘密解决方案的许可。这项决定需基于成本计算、商业秘密的研发时间计算，并考虑这项技术是否属于公司可拥有和控制的关键产品区分点。但是，如果信息在谈判阶段基于保密协议而被披露，而许可协议又没有谈判成功的话，公司应按照合同约束不得使用该信息。由此，公司也将无权自主开发同样的信息。更糟糕的是，在信息披露之前，公司无法真正了解哪些信息会被禁止独立开发。

还有一种情况更为复杂。由于许可谈判是在信息未充分披露的情况下进行的，在商业秘密信息许可之后，公司可能发现该信息对公司并不是那么有用。因此，商业秘密的许可应该采用许可使用费的方式，许可费计算应以被许可方的使用程度为基础。许可协议还应包含退出条款，适用于商业秘密信息已被公众知晓，或者是从其他方获得且无需承担保密义务的情形。

在进行涉及信息较多的许可谈判中，为了避免公司被禁止进行潜在的独立开发，一种选择就是利用第三方专家来评估该商业秘密是否适用于公司业务。商业秘密信息依据保密协议披露给第三方专家，使专家可以进行必要的评估来帮助公司作出许可决定。如果评估是在内部进行，另一种选择就是按照“中国墙”规定，从而可以在许可协议未达成的情况下，防止商业秘密信息披露给公司内的其他人员。

小　结

公司自己拥有商业秘密信息，但并不意味着足以安全地保护公司在商业秘密资产方面免遭财务损失。公司必须防止属于他人的商业秘密信息泄露到公司内部。员工行为不当可能导致流入信息泄露或暴露事件，公司则可能因此而担责。公司必须制定适当的员工管理流程，以确保公司免责。同时，应当对商业秘密的开发进行归类存档，以防公司受流入信息侵占的不当指控。在商业秘密许可谈判时，也可能发生禁止公司进行独立开发的流入专有信息泄露事件。安排商业秘密许可的流程时，应维护公司的权益，如果谈判失败，达成另一个决定，或者最终证明该商业秘密信息并不适合公司需要时，公司仍有独立开发商业秘密的自由。

第9章 监　　控

概　　要

由于商业秘密信息资产在归公司所有时仍有可能被盗，所以，如果该信息没有出现在市场上，就可能不会发现商业秘密被盗。公司必须监控互联网、业务环境和内部网络，以确保专有信息不会出现在授权区域之外。如果在授权区域之外发现专有信息，公司有必要对此进行调查，以确定信息泄露是否发生以及如何发生。公司内部调查可确定专有信息是否被侵占，或者是否属于独立开发。有时，公司需要通过民事诉讼程序来查明真相和提供侵占证据。

利用监控发现信息盗窃

很多商业秘密信息盗窃事件当时未被发现，但之后，盗窃证据会浮出水面。重要的是主动监控公司的业务环境以发现专有信息的盗用，以便在情况恶化之前采取纠正措施解决问题。很多情况下，还有可能避免公司受损或出现更严重的损失。

第一步是要确定公司的商业秘密信息是否存在于公司之外。第二步要确定这些外部信息是否为独立开发或者是否来自公司内部并被公司内部人员或外部人员披露。第三步是如果没有证据支持该信息为独立开发，公司就要采取法律措施。

互联网监控

广泛可用的搜索引擎，外部的如 Google，内部的如 webcrawler 软件，使得公司可通过互联网检索商业秘密在各网站和新闻媒体泄露的情况。公司还应搜索简历网站，如 Monster. com，来查看是否存在公司专有信息未经授权披露的情况。

与内部 webcrawler 软件和搜索引擎不同，使用外网进行搜索时尤其需要注意。尽管 Google 及其他搜索服务提供商已经非常注意保护用户的搜索信息，但是公司在使用外部搜索引擎时，应避免使用实际上公开了商业秘密信息的搜索词。这些搜索可能构成无保护的披露，且会导致信息中的商业秘密权利丧失。因此，搜索词应当精心选择，既能发现信息但又不公开信息。

业务环境监控

公司业务环境的监控同样重要。新产品介绍、定价和功能变化、客户向竞争对手的流失都可能意味着专有信息泄露。业务环境监控应包括检查竞争对手网站，密切关注书面和在线的行业动态，参加行业展会和行业会议关注竞争对手的产品，以及跟踪重要客户。公司还应分析这些领域竞争态势的变化，以确定公司专有信息泄露的可能。

竞争对手推出新产品或新功能，或产品大降价，这些都有可能与之前一或多名关键工程师或研发人员流向竞争对手有关。之前的职位使得这些员工能够了解到公司的专有信息，从而使得新产品的推出或价格下降成为可能。重要客户流向竞争对手可能与之前一或多个关键销售人员或市场人员流向竞争对手有关，这些员工曾有机会接触公司的专有信息，使得挖走客户成为可能。这些情况均需进行调查，以确定是否有间接证据支持商业秘密侵占诉讼。

内部网络监控

公司内部网络的监控同样很重要。在这种情况下，假定公司是存在专有信息的，因此需要调查信息是在其应当存在的地方，或者，更确切地说，还是在其不应当存在的地方。

归类、访问控制以及访问跟踪是保护专有信息免遭内部人员盗窃的重要手段。如果商业秘密信息存放在公司内未经批准的地方，则表明这 3 种手段均已失效。内部检索显示专有信息存放在未经批准的地方则表明，要么商业秘密被侵犯，要么未能遵守公司信息保护措施。如果这些措施的重要性没有有效告知员工，并且员工认为这些措施有碍于他们完成工作，就常常会发生这种绕开公司信息保护措施的行为。

信息政策执行软件技术正在迅速发展，且不断有新产品、新公司进入市场。这些都有助于评估公司项目的合规情况，但是最终，员工买账才是决定公司信息保护项目成功与否的关键所在。

独立开发还是侵占

一旦发现公司专有信息在某种程度上被不当使用，问题就变成该信息的获得是否因为可诉性侵占？还是因为第三方合法的独立开发？或是因为公司未能采取合理措施保护信息？回答这些问题的关键之一就是访问权限。如果一或多名开发人员之前访问过商业秘密信息，则不太可能属于独立开发的情形。公司有必要进行调查，来确定第三方是否接接触了公司的专有信息。

专有信息持有者跟踪信息访问情况是确定何人何时访问过公司信息的有效方法。访问跟踪将限制可能的信息泄露源数量，并将调查指向泄露源。如果已将信息分类，且已跟踪并记录信息访问情况，调查行动可从短得多的可能嫌疑名单开始。

之后还必须确定传播路径，考虑是否有曾经访问过信息的员工离职并被聘入第三方的情形？离职时间是否与信息侵占的时间一致？如果员工离职并聘入竞争对手公司之后 6 个月，竞争对手有新产品发布，则该时间支持初步结论，即信息侵占。如果竞争对手是在员工离职后一周发布新产品，就未必能得出此结论。

如果持有有关访问和传播的可靠证据，对前员工和第三方公司提起商业秘密侵占诉讼就有机会根据民事诉讼法的适用规则发现并进一步揭示对方的不当行为证据。通常，内部调查仅仅只是冰山一角，正式的证据调查程序最终将揭开商业秘密侵占的全部细节。

小　　结

商业秘密侵占通常要到公司专有信息现身于市场时才被发现。公司应监控互联网、业务环境以及内部网络，以确保专有信息不曾离开过授权位置。一旦在不当位置发现专有信息，需作进一步调查，以确定该信息是被侵占还是被独立开发。通常，还需启动侵犯商业秘密的民事诉讼来解决这些争议问题。

第 10 章 侵占嫌疑人特征

概　要

商业秘密侵占属于高智商行为，有侵占动机的人往往非常符合相当独特的嫌疑人特征。他们不会是子虚乌有的秘书、门卫和技术员，而是了解所窃取技术的高级技术人员和高级管理人员。描述美国国内、国外侵占人员的特征，有助于指引接下来在什么地方展开调查最为有用。

描述方法

在电视上看过犯罪调查节目的人，都知道证据收集、法庭辩论和犯罪嫌疑人特征描绘这些概念。我们想知道，是否可以用商业秘密侵占案件中的经验，来描绘侵犯商业秘密的嫌疑人特征？我们真的可以确定一名信息偷窃犯的面貌特征吗？尽管这种研究方式并不科学，一开始我们就跟做智力游戏似的，但不久变得非常有意思。

起初，我们为每个美国国内商业秘密侵占嫌疑犯单独写一份特征描述，在商业秘密诉讼业务中，我们也是这样操作的。不考虑那些我们没有充分数据进行完整描绘的案例，也不考虑那些对于侵占发生与否证据不确定的案例。由于许多案例是在庭外和解，这些案例就可能没有事实判决可以依据。在这些案例中，我们通过分析案例，使用最佳的判断方式，来确定是否包含我们自己研究的商业秘密侵占嫌疑人特征。

之后，对我们在自己的商业秘密诉讼业务中采用的描述书进行比较，确定所有案子中是否存在共同的特征描述，并确定哪些能够构成嫌疑犯特征描述基础。我们发现，所有的侵占人特征描述都很像，他们可以按单个个体进行描述。我们所知道的所有侵占人，其共同特征数量之多令人非常震惊。

美国侵占案件研究结果

表 10－1 示出了我们的研究结果。有些研究结果可能跟我们预期的一样，有些结果则跟我们的直觉不同，甚至是令人吃惊地不同。“白人男性，25～45 岁”，这一点我们原来多少都能预测到，但是，所有的侵占人都是已婚男士，通常都有孩子，智商非常高，还是工龄非常长的员工，对于这一点的确令人惊讶。

表 10－1　美国商业秘密侵占人特征描述

白人男性，25～45 岁
已婚，有孩子
智商高
非常自负/傲慢
受过公司培训教育
待遇好
长期员工
在公司学习到技术
积极主动
工作独立
贡献巨大
往往把正开展的工作想成/描述成“我的计划”“我的软件”“我的主意”
疏于公司管理
感觉不受赏识；心里愤愤不平
自己成为竞争对手或加入目前为现雇主友好合作伙伴的竞争对手
窃取产品技术，同时窃取客户和供应商信息
动机：为金钱，不为贪心，但为得到认同

美国信息盗窃犯的心理状况

所有这些案例中，始终不变的主题就是侵占人的心理。每个人都是独立自主、积极主动的员工，以自己的工作方式，在公司中逐渐爬升到待遇较好的负责人位置。个个都是高智商，往往感觉他们的智商比经验更重要，甚至能取代经验。他们在公司的水平通常超出与他们所受的教育相匹配的水平。也就是说，他们是硕士学位，做的却是博士级别的工作；本来只是高中教育或普通教育水平，却被期望做着大学毕业生的工作等。他们发奋努力，却缺乏耐心：过于急躁以致于没能获得学位或高级学位，并且迫不及待地要求提职。

每个人都曾经为公司做出过巨大贡献，也因为这些贡献受到高度重视，在他们的专业领域，往往是领袖人物或关键人物。所有人都感觉怀才不遇，都感觉管理层不能理解他们的工作成果对公司的净收益有多么巨大的贡献。许多人感觉公司的收入，对于大型公司来说，就是具体产品线的收入，完全依赖于这些贡献。在大多数案例中，至少部分案件真的是这样。带着这种思想状态，任何细微感觉都可能成为导火索，比如给别人升职，而不是他们，或者奖金比预期的要低，这种怨气不断积累，最终构成侵犯行为。

侵占人也把他们的工作成果视为自己的财产，而不顾及他们的法定员工身份和适当的发明协议。在他们看来，由于这些贡献才使得公司盈利，他们也会看公司的客户名单和供应商名单，名单里面往往包括他们帮助搞定的客户和供应商，所以把它们带走也是非常公平的。

他们认为，公司的信息是以他们的工作成果为基础的，所以他们也应该能带到新的工作岗位去。新的工作岗位往往要么是新创企业，要么是目前的竞争对手企业，有些其他前员工也在那里工作。这样，他们去的环境是已经得到同行尊重的环境，并且不必重新赢得共事者的尊重。有时，薪酬大涨让他们感受到认可，与此同时也觉得，这证明他们在原公司有多么不受重视。

虽然，他们每个人都觉得他们的工作成果属于自己，在道义上，他们应该自由使用，但是，他们却全都尽力隐瞒盗窃行为。他们都试图向旧雇主隐瞒新雇主的身份。因为他们智商高并且自负，或者说十分傲慢，所有人都觉得自己完全有能力掩盖他们的行迹，且侥幸逃脱盗窃罪的处罚，当然，通常来说，想要挣脱直截了当的计算机取证和其他证据采集技术来隐瞒他们的窃取行为，他们的努力是非常可笑的，也是不可能做到的。就像绝大多数保险诈骗犯一样，他们都认为在这一领域，也就是被他们归为业余专家的领域，以他们超常的智商，完全能骗过训练有素的调查员，在他们眼中，这些人的智商不值一提。

所有这些人都强烈声明自己是无辜的，宣称自己从未犯过指控行为，并辩称对他们的控诉都是事后由证人重新记录的伪证。他们的表现就仿佛自己的行为完全正当合理，对其他人有用的规则对他们完全不适用。当出庭作证时，他们都表现得自鸣得意，高人一等，尽管依据开示证据，证人证言能让他们脸上无光、浑身发抖、信心动摇。

新雇主也会强烈否认任何不当行为的指控。虽然在很多案例中，我们可以怀疑，带进公司的被控侵占信息属于事后知识，或者甚至信息被侵占的原因之一是源于侵占人的酬金问题（之后证明大幅加薪是合理正当的），但是这些怀疑很少能够得以证明。

尚待发现的情形

令人好奇的是，在我们的案例样本中，我们并未发现几件涉及女士、年龄超过 45 岁的男士或未成年人的侵占案件。对于国内侵占案，具体需要证明精神状态的人群似乎就是年龄在 25 ~45 岁的白人男士。

此外，我们没有发现技术员级别的员工对技术信息进行侵占的情形，而技术员属于雇主经常会关注的群体之一，也没有发现秘书、门卫、清洁工等侵占的情形。信息侵占人群反而是备受信任的高级工程师、研究员和高级管理人员，这些人最有可能在将来的就业岗位上用到这些信息。

国际侵占案件研究结果

上述特征仅适用于美国国内商业秘密侵占情形。因此，我们在想，值得通过我们在国际侵占案中取得的经验来研究一下这类案例。

表 10 –2　国际商业秘密侵占人特征描述

国外出生
加入国籍的美国公民或持有工作或学生签证的外国公民
几乎是任何年龄段的已婚或单身、有孩子或无孩子的男士或女士
经常是团队力量，比如夫妻团队
通常来自中国、法国、以色列、印度、日本或俄罗斯
出生国有近亲属，常为父母
与出生国关系紧密，往来频繁
智商高
学历高，多为技术领域的博士
盗窃犯由出生国的政府机构、大学或技术公司资助
最终将返回出生国为资助人工作
主要窃取产品技术
盗窃犯可能通过幌子公司掩护资助人
动机：国家主义

表 10 –2 示出了我们的研究结果。同样，许多研究结果并不意外：外国公民或入国籍公民与他们的出生国之间的关系坚固不可破，这一特点在我们预期之中。让人惊讶的第一点是，教育水平相当高；第二点倒是可以理解：资助人会选择最有能力在高科技公司找到工作的代理人，最有能力确定窃取哪些技术，最有能力尽量减少需要转移的文件数量，其他的放在脑子里就可以了。最

令人惊讶的是女性涉案人的数量、利用团队的方式以及利用夫妻作战的方式，经常是一人在目标公司里工作，另一人在幌子公司工作。

国际信息盗窃犯的心理状况

与我们研究美国国内盗窃犯不同，我们没有足够多的案件数据或具体侵占人信息来尽可能具体地描述国际侵占人的心理状况。尽管如此，就此进行一些讨论还是可以的。

除了以色列有些例外，每个最有可能侵占人的出生国都是历史悠久、令人自豪，曾经有过辉煌的帝国时期。除了以色列和法国，每个国家都落后于20世纪西方国家的技术发展；这些国家一直在玩着“追球”的游戏。自从建国以来，以色列一直陷入存亡战争之中。

所有这些最有可能的出生国，让那些移居国外的人产生了难以割舍的的民族忠诚关系。这些国家对于商业秘密的法律保护力度都比不上美国严厉，它们的商业竞争要比美国粗暴、混乱，在美国，公司竞争更像“绅士游戏”，遵循着自己的规则和规矩。

此外，如果有谁的父母或兄弟姐妹、叔叔或阿姨、侄子、侄女、外甥、外甥女、堂兄弟或姐妹、表兄弟或姐妹所居住的国家，基本生活工资仅为美国的零头，平均寿命低于美国十年以上，普遍营养不良，医疗保健难以保障，在这个人的脑海里，侵犯商业秘密可能就算不上是最不公正的事情了。这些侵占者看到自己祖国的孩子为了不多的几个钱每天毫无怨言地劳动12个小时，而到美国旅行时，却发现如果美国孩子就因为父母限制他们的细胞数据计划而苦苦抱怨，就一定会觉得特别懊恼。帮助自己的祖国赶上西方国家的高品质生活水平显然就是强大的动机。

正因如此，在国际商业秘密侵占者的思想意识里，就为自己树立了高尚的道义基础。窃取商业秘密、作伪证、妨碍司法公正、毁灭证据以掩盖偷窃事实，以及逃避犯罪起诉或民事惩罚，这些在他的思想意识中都属于道义公正、影响不大的事情。因此，这些侵占者不像美国国内商业秘密的侵占人，他们还有祖国让自己有“家”可回。

虽然这些看法是可以理解的，但我们不能宽恕国际侵占者窃取商业秘密信息的行为，否则，他们的资助人就会将他们的产品市场国际化，与最先研发出技术的美国公司相竞争。当然，了解侵占人的思想意识非常关键，有助于成功保护我们的商业秘密。

关于国际商业秘密侵占人，最后一点需要注意的是：最后一次回家探亲。

在大多数这类案件中，侵占人会回家“探亲”，就像他们之前经常做的那样。之后，返回美国，然后经常会告病，也就一天时间。再之后，他们就消失了，回到出生地。通过分析这些证据，我们相信，最后一次回家探亲是把窃取的程序传给资助人进行分析。最后的短期旅途之后返回美国是为了“填补技术空白”。大量数据就是在短暂回国期间转储到 U 盘上的。最后，告病是让他们的公司明白他们不再回来工作之前有时间回国。

另一个共同的要素是“因病”离职。侵占人可能离开目标公司一两个月，甚至是一年，然后再回去工作。此次返岗时间通常非常短暂，几天左右。实际情况是，离职与生病无关，除非包括思乡病的话。侵占人回到出生地，就业领域是一样的。然后，他们回到美国，停留时间很短，以清理目标公司的技术文件，也就是原雇主的技术文件，并且几乎立即返回出生国和新雇主那里。

最后，这些侵占者经常会利用幌子公司。内部人员为了幌子公司及其资助人的利益而窃取技术。然后该技术嵌入新产品中，并由幌子公司卖给或许可给资助人。窃取行为可能持续数年，由目标公司的内部人员和外部人员联手窃取新开发出来的技术。这种内部串通的效果非常好，资助人往往可以打败目标公司，并用目标公司的技术占领市场。

注意事项

只要看过犯罪调查节目的人就知道，必须小心使用嫌疑犯特征描述。特征描述反映的是所考虑的犯罪类型的典型罪犯，并且只能由调查员使用，作为可能在哪些地方需要投入更多精力的线索。具体而言，这种调查方法不能用来排除嫌疑人。

这里也是这样，我们所说的商业秘密侵占人的特征描述方法也是打算作为怀疑有侵占行为发生时，进行下一步调查的指引。它不能用来辨明无罪，也不能用作控告有罪的证据，而是仅仅用来提供一点点线索，揭示哪些地方作进一步的调查才最有可能得到结果。

此外，我们的样本量不大。我们考虑了美国国内商业秘密侵占案件，对此类案件，我们十分熟悉，能够汇编出一份详细说明。我们自己的实践经验可能未必反映商业秘密案件的整体情况，这也使得样本的偏差更大。对于国际侵占人，我们依据的是法院公开的文件，以及商业新闻报道和综合新闻报道。商业秘密案件的许多文件是归档密封的，这也使得我们的样本偏差增大。

具体而言，我们不能在未直接参与的案件中，也不允许在直接参与的案件中，考虑公众记录无法得到的信息。作者特别重视对于保密信息的法院令保护，并且可以不包含信息或信息衍生物，总体来看，在研究撰写本章或本书的过程中，这些是可以通过法院令进行保护的。

最后，作者也不是训练有素的心理学家，我们对于商业秘密侵占人的特征和心理的观点，应当看作在商业秘密诉讼案件中，经验丰富的律师的外行观点。我们结合55年的商业秘密办案经验，就这一主题提供了有价值的见解，这一点我们是有信心的，但是无论如何，不应把它当作专家观点。

联邦调查局（FBI）警告信号

在2012年5月11日的新闻稿中，联邦调查局也发布了可能侵占人的警告信号。它们的警告信号就是侵占人的所有行为，而不是特征描述，但是这些行为与本章内容非常一致，和我们自己的观察结果多少有些共鸣。

下面就是一些警告信号，可表明雇员是间谍和/或窃取公司秘密的人：

- 未经批准，异常工作数小时。
- 在没有必要或未经批准的情况下，将专有信息或其他信息以硬拷贝形式和/或用U盘、计算机磁盘或E-mail带回家。
- 没有必要复制资料，尤其是复制专有或带密级的资料。
- 无视公司规定，包括个人软件或硬件安装规定、限制级网站访问规定、未经授权的研究管理规定、机密资料下载规定。
- 以莫明其妙的理由赴国外短期旅行。
- 与竞争对手、商业伙伴或其他未经核准的个人进行可疑的个人接触。
- 购买负担不起的物品。
- 因中年危机或职业失落感而不知所措。
- 担心被调查，留下捕集器来监视居所或办公室的搜查情况，或者寻找监听设备或摄像头。

小　　结

美国国内商业秘密侵占人往往符合特定的嫌疑对象特征以及相应的心理状态，而国际商业秘密侵占人的特征则是形形色色、变化多端，其情况更为特别。在商业秘密侵占案件中，这些特征可由调查员使用，作为线索揭示哪里需要进行深入调查才最可能有所收获。

我们相信，通过使用更大规模的样本，对这些特征作进一步的研究，有利于深入了解商业秘密侵占的实质，也有利于保护美国公司的机密信息和专有信息。

第 11 章 建立商业秘密文化

概　　要

世上没有保护专有信息的灵丹妙药。若员工不参与其中，任何硬件设施、软件程序或密不透风的流程都无法保护专有信息。公司商业秘密文化需要确保有效的自上而下的目标交流和自下而上的需求沟通。管理层必须为有效保护专有信息提供必要的措施，包括设备、流程和培训，并让员工参与选择和使用公司信息保护项目的最佳配套工具。

商业秘密文化的重要性

本书在第 7 章中提到的很多建议都是目前市场上出现的信息技术新产品的关注点，包括物理安全、数据安全、法律安全、供应商管理、归类、访问控制、访问跟踪，以及内外网监控。似乎我们每周都会听到这些领域的新公司、新产品的消息。但是如果没有公司员工的合作和积极参与，任何信息技术都无法保证公司专有信息的安全。

成功的商业秘密保护计划需争取公司所有员工协助完成。仅仅重新任命一批员工成立商业秘密保护组，或仅仅安装一些信息安全新产品，而其他员工依然继续像往常一样开展业务，这种方法就不会见效。原因在于，一旦商业秘密被一名员工因大意、疏忽或无保护的方式泄露，商业秘密权利即丧失。由此，公司商业秘密的保护取决于链条中最薄弱的环节。管理层可能希望以一种简单的技术方案来保护商业秘密，可惜这种技术方案并不存在。

若要争取公司全体员工支持，最简单的途径就是树立商业秘密文化意识。

这种文化意识比独立的员工培训更为有效，而且也更为经济。独立的员工培训必须定期更新，健康的商业秘密文化则更有自我持续能力。随着时间的流逝，员工培训，尤其是新员工培训的作用会逐渐淡化，然而健康的商业秘密文化会自我加强。新员工任职培训上寥寥数分钟内，新员工在接受公司其他文化的同时接受商业秘密文化，这会比做其他任何培训都更为彻底。

自上而下的交流

为了有效建立商业秘密文化，管理层必须与员工就其目的进行有效沟通。这不仅仅是要告诉大家“这是新的专有信息政策，请阅读、签字并返还”。员工必须了解公司的商业秘密和专有信息是公司竞争优势的来源。他们需要知道公司商业秘密信息的风险关乎公司收入、盈利和股价的风险，最终的风险则是员工的工作。管理层努力保护公司商业秘密不被侵犯或丧失，就是努力保住员工的工作、期权及奖金。如果员工能够理解，公司信息安全政策才会被大家接受和执行。缺乏这种理解，所有的公司政策手册和政策交流都是没有意义的。

那么，自上而下的信息安全交流最重要的不是培训员工如何使用安全工具或如何遵守安全政策。自上而下的信息安全交流最重要的是与员工有效地沟通管理层保护收入、盈利、股价和工作的目标。如果员工理解管理层的这些目标，他们就会弄明白如何使用新的安全软件，或要求进一步培训来学会使用，或请教他人帮助学习如何使用这些软件。当员工有动力去使用新的安全工具时，就无需专人监督培训出勤的情况。

自上而下的信息安全交流的另一个重要因素就是确保员工理解：管理层希望听到全体员工关于如何改进公司专有信息安全措施的建议。无论公司对信息安全投入多少精力、金钱和咨询时间，参与公司日常业务操作中的员工总能发现管理层和外部人员无法发现的信息安全项目漏洞。要堵住这些漏洞，管理层需要和员工沟通，这些信息漏洞及堵住漏洞的方法是公司急切希望知道的。这不能是空头承诺，公司管理层必须让员工相信，自下而上的信息安全交流是开放的，并且是真的。所有的管理层都必须真正推行这一点。

自下而上的交流

作为有效的商业秘密文化的一部分，必须包括几种自下而上的交流。首先，员工需要有渠道就公司信息安全计划中的信息漏洞及堵住漏洞的建议进行沟通。由于这些漏洞可能涉及公司其他员工或团队，因此这些交流应当保密，且员工必须知道这类交流是保密的。公司应对发现最大信息安全漏洞的员工给予经济奖励，这也会鼓励员工参与其中。

发现公司的专有信息出现在非授权地点时，员工还需要有方便快捷沟通的渠道。我们已经讨论过监控网络、公司业务环境以及公司内网的必要性。在实际情况中，往往是了解公司专有信息的员工第一个发现公司专有信息处于非授权地点。通过 24 小时免费电话立即报告所发现的情况是向公司的合适人员报告信息的最快捷方式，由此，公司可及时作出反应。该号码还可用于快速报告内含商业秘密信息的公司或员工财产的失窃事件，如电脑和公文包被盗。

然而，大多数这类发现都会涉及外部第三方持有的专有信息，有些则会涉及公司其他员工对专有信息的不当访问或存储。因此，这类报告也必须保密，并且必须让员工了解到公司会对此进行保密。再提醒一下，公司应对发现最重要专有信息泄露的员工给予经济奖励，这也会鼓励员工参与其中。

最后，员工需要一种渠道请求援助以解决信息安全问题。员工协议通常包括员工应尊重公司商业秘密和专有信息保密性的条款，但是很少包括哪些内容构成公司商业秘密和专有信息的任何可行性定义。那么，员工怎么会知道公司商业秘密和专有信息是什么呢？当员工在准备行业会议的发言稿时，他应该问谁才能澄清哪些可以在发言稿中讨论，而哪些又不可以呢？我们已经讨论过因员工简历泄露专有信息的情形。当员工准备简历时，他怎么确定哪些可以写入简历而哪些又不可以呢？因此，员工需要一种渠道请求保密援助，以解决工作场合涉及的专有信息问题。

具体手段

为了让商业秘密文化发挥作用，员工需要手段来实施有效的信息安全计划。没有合适的手段，即便是商业秘密文化中最积极主动的员工也无法实施信息保护计划。这些手段主要有：设备、程序和培训。

除物理硬件外，信息安全设备还包括提供文件权限管理、加密、访问控制、访问跟踪、防火墙、黑客检测及其他起作用的软件。这个领域的软件产品的选择种类及提供的作用和功能均在迅速发展。公司当前选择的任何配套工具都应被视为临时解决方案，需要每年审核。

信息安全设备还包括更常规的设施，如门禁系统、安全摄像系统、安全玻璃、围栏、保险箱、锁定文档存储柜、其他物理访问控制和监控，以及废纸篓和碎纸机。

信息安全程序包括：公司政策；员工协议和保密协议；文件存储、复制、保存和销毁程序；公共信息发布前的审核程序，包括会议论文、新闻稿和公司网页；分类和访问控制制度；以及事故报告制度。

信息安全培训应包括公司专有信息识别方式培训、员工保密信托责任培训，以及信息安全设备使用和公司信息安全程序执行培训。

公司全体员工应参与信息安全设备的选择和设置、信息安全程序的设计和信息安全培训的安排和内容选择。一旦员工理解并接受保护专有信息安全的必要性，他们就会成为公司设计有效信息安全计划的最佳人力资源。外部专家应参与协助完善信息安全解决方案，但是在公司日常业务中使用公司商业秘密的员工会比外部专家更了解公司的程序和需要。因此，越早让公司员工参与，并且让他们一直参与，将确保公司获得更好的信息安全解决方案并获取公司员工对商业秘密保护计划的持续支持。

小　　结

员工是有效的商业秘密保护计划的必要基石。让员工积极参与这个过程需要有明确而坦诚的自上而下的目标交流以及有效的自下而上的需求交流渠道。选择和使用商业秘密信息保护的配套设施应当让员工尽早参与，并让他们一直参与，不仅能获得符合公司需要的最佳计划，还能取得员工对计划的支持。

第Ⅲ部分

会　　计

您似乎可能从本次收购中获得额外的无形资产。这些额外的可识别无形资产可能是许可协议、不竞争协议、商业秘密以及其他技术信息。请向我们提供独立评估报告，用于在您为公司分配收购价格时确定您的无形资产的公允价值。另外，请告诉我们您为何未将许可协议、不竞争协议或商业秘密和其他技术信息纳入公允价值……

——证券交易委员会执行函

第 12 章 清单与分级

概　　要

商业秘密核算需要公司关于商业秘密组合的清单。创建一份有用的公司商业秘密组合清单需要四个步骤：开列潜在的商业秘密清单，对潜在的商业秘密进行分类，确认潜在商业秘密中的实际商业秘密，对实际的商业秘密进行分级。所有这些信息必须从了解公司商业秘密的员工处获得，可以通过顾问与员工进行访谈而直接从员工那里收集信息，也可以用自动化方法从员工处收集信息。从员工处收集的信息需要由专业评估人员审阅，从而形成一份准确有用的清单。清单必须定期更新，以反映公司商业秘密组合的动态变化。

潜在商业秘密的清查

计算各类资产的第一步就是清查资产。公司在进行其他步骤，比如分级、评估和报告之前，必须先制定一份资产清单。由于信息资产很少为有形载体，且在公司正常的业务运营中会不断地产生和销毁（如归入密级、重新分级、撤销密级），因此清查商业秘密比较困难。由于商业秘密很少被购买，因此也没有发票记录用于制作商业秘密清单。同时也没有物理位置可编制商业秘密清单。公司整个商业秘密组合是一种无形的信息云，存储在文件上、计算机硬盘里和员工头脑中。

解开该难题的关键就是，在正常业务活动中使用的任何商业秘密（即任何因保密而产生价值的信息）通常都被公司的某些员工所知悉。作为一个群体，员工知晓公司有哪些商业秘密，或者更准确地说，员工知道所有可能构成商业秘密的信息。员工通常不知道哪些信息属于法定的商业秘密信息，但是就这些信息本身而言员工是知道的，他们在公司的业务运营中也会使用。

之后，创建公司商业秘密的清单分三步。第一步就是针对什么是商业秘密向员工提供水平适当的培训，让员工能够从其他类信息中区分出商业秘密资产。第二步就是从员工处收集潜在的商业秘密信息资产清单。第三步就是审阅这些清单，并删除不同员工清单中重复的内容。

第三步的任务可能比较棘手。举例来说，大家是否会质疑，是否可口可乐公司的大部分员工都会将可口可乐的配方视为公司的商业秘密？有多少肯德基的员工会将桑德斯上校（肯德基创始人）的秘密配方和11种草药香料混合组方视为公司的商业秘密？这些可能还是比较容易的例子，复杂的例子会更微妙。比如，第11号工程实验室测试包含的商业秘密与当前生产设备中使用的是同样的专有信息吗？或者，该配方是否是一种不同的配方？是否存在一种之前的过时配方，是下一代产品的原型，还是仅仅是一次失败的试验？

有些困难可以在收集过程中予以避免。员工仅需要确认他们工作中产生或使用的，或者在直接控制范围内的商业秘密。让业务主管提交各组的商业秘密清单，从员工那里分别获得信息，或以小组会议形式获得信息，这样可进一步减少重复清单。每个主管仅报告其团队产生或使用的或在直接控制范围内的商业秘密。这些清单可逐级上报至管理层，每一级在向上级提交报告前都需删除其报告范围内的重复信息。这种方法存在的风险就是，有些商业秘密可能不出现在公司清单上，当然，有价值的重要商业秘密不出现在综合清单上的可能性不大。为了方便备案，各级清单应传送至中心数据库。这些清单还可为下一次商业秘密审计提供基础和出发点，对主清单进行添加和删减。

直接由员工形成商业秘密清单的另一办法是使用外部专业顾问来清查公司的商业秘密。外部清查方法包括由顾问对全公司关键岗位的员工进行访谈，收集和整理访谈的信息。商业秘密外部清查方法的缺点在于外部顾问不如公司员工了解公司的业务，也不了解行业中哪些属于已知、哪些属于未知。但是，外部专业顾问的优点在于不需要对员工进行专门的商业秘密培训。最后，对于诉讼期间进行的商业秘密审计而言，速度是关键，在这种情况下，外部顾问往往是必需的。

上述两种清查方法的问题在于商业秘密组合是动态的。手工清查很快就会过时，需要定期进行更新。这些手工清查是对公司某个时间点上的商业秘密组合的快照，或者更确切地说是手工绘图。

技术援助已开始被引入清查过程中。目前可以采用的方法是，通过公司网络将直接从员工处收集的商业秘密信息录入商业秘密数据库。这种技术手段减少了手工整合清单时可能忽略或遗漏某些商业秘密的风险，并且也无须公司员工或外部律师和顾问手工整合这些信息。这种技术手段的另一好处就是允许持续收集和整合商业秘密清查数据，并持续更新商业秘密组合的清单。比起快照，这些技术手段可以提供商业秘密组合的“动态图”，可实时查阅，或者“回看”之前某个感兴趣的时间点。

潜在商业秘密的分类

一旦掌握了潜在商业秘密的清单，便有必要将其分类以有效利用。这与对实际盘存的整合相类似，包括对不动产、交通工具、家具用品、生产设备、办公设备等物品的分类。对于商业秘密而言，分类体系的设计非常复杂，涉及某家公司内可能符合商业秘密保护资格的大量不同种类信息，而且公司与公司之间这些信息又不尽相同。附录 C 为典型制造公司的商业秘密清单，也体现出商业秘密信息的多样性。

笔者认为根据“ < 产品 > 的 < 主题 > + < 类型 > ”的分类体系对商业秘密资产进行分类最为有效，比如光驱的生产方法、可乐饮料的营销案例、割草设备的销售预测，或传动装置的工程规范。这种商业秘密的分类方法又称为“SFP”分类法。所有可能的 SFP 分类构成了公司商业秘密的三维空间，适用于所有的商业秘密。

主题通常对应着公司内部产生或使用商业秘密的部门或组织。类型包括文件类型、原型、工艺、公式、结果、计划及公司适用的其他类型。产品通常指品牌，但商业秘密也可用于集团产品，比如某商业秘密适用于公司生产的所有碳酸饮料的罐装方法，而不是仅适用于某种具体的饮料。

SFP 分类法以少量的主题、类型和产品形式对大量的商业秘密进行细分。例如，某公司有 10 个部门，其中有 30 种有意义的信息类型，制造 20 种不同类型产品，商业秘密种类共计 6000 个 SFP，可将成千上万的商业秘密信息进行有效分类。该分类法的另一个好处是，员工本来就很熟悉公司的各个部门、公司内部使用的不同信息类型以及公司生产的产品。由于人尽皆知什么是“零食产品的广告计划”或“洗衣剂的包装设计”，因此，无须对员工就 6000 种分类的使用进行专门培训。

在清单整理的过程中就可以将公司的商业秘密库按照 SFP 分类法完成分类。产生或使用或直接控制商业秘密的部门很可能就是合适的主题，而适当的类型和产品也是为清单提交商业秘密的员工所了解的。如果在商业秘密清查过程中就整理出 SFP 分类，则仅需要在每一 SFP 分类下清理重复信息，同时也简化了信息整理过程。

实际商业秘密的确定

完成清查和分类程序之后，公司需要评估潜在的商业秘密资产。之前并未投入精力去衡量所提出的各个商业秘密是否符合商业秘密保护的法定标准。

为确定会计意义上的商业秘密资产，最具指导作用的就是必须在之前第3章所讨论的商业秘密侵占的法律程序中采用的验证标准。要想算作资产，潜在的商业秘密必须有成为公司财产的合法理由。在采用验证标准时，法院适用UTSA中的法定标准以及《侵权法重述》（第1版）的六要素标准。

为便于理解，此处再重述一下UTSA关于商业秘密的定义：

（1）商业秘密是指可以获得实际的或潜在的独立经济价值的信息……

（2）通常不为人所普遍知晓，且他人通过披露、使用信息能够获得经济价值；

（3）他人不易通过正当手段获得，且他人通过披露、使用信息能够获得经济价值；

（4）在特定环境下采取了合理的保密措施。

对于清单中的每一项商业秘密，我们还需要通过下面四个问题来确认每一项潜在的商业秘密是否构成实际的商业秘密：

（1）对竞争对手保密此信息，公司从中获得了独立的经济价值吗？

（2）该信息不为行业（即竞争对手）普遍知晓吗？

（3）该信息不易通过适当的手段获得吗？

（4）在特定环境下对该信息采取了合理的保密措施吗？

UTSA定义为验证商业秘密的存在提供了一种基本的“是或否”的标准，但是该标准不能评价商业秘密的等级。更为深入的考查需考虑商业秘密的六要素法，再次引入作为参考，如表12－1所示。

表12－1　《侵权法重述》（第1版）的商业秘密六要素

为商业秘密作出一个准确的定义基本上是不可能的。在确认特定信息是否为某人的商业秘密时必须要考虑的六个要素：
（1）在他从事的商业领域之外，该信息被知晓的程度
（2）在涉及的商业之内，该信息被雇员和其他有关人员知晓的程度
（3）为了保护该信息的秘密性所采取的安全措施的程度
（4）该信息对他和他的竞争对手的价值
（5）他在研发该信息时付出的努力或金钱
（6）该信息被他人获知或复制的难易程度

六要素评估法为清单中的潜在商业秘密提供了更为准确和细致的评估，但是这个评估过程也更为复杂。这种评估对于公司最有价值的商业秘密是有必要的，可以确定它们在法庭上能经受多大程度的考验，以及商业秘密信息的归档和保密是否充分。

同分类过程一样，确认过程可以简化。对六要素中的每一要素采用 1 ~ 5 分计，这种方法非常简单，但对于获取商业秘密符合六要素标准程度的作用，却出人意料地有效。该方法还有一个好处，就是员工很容易理解。在很多生活经历中，我们都非常熟悉五分制，从宾馆星级和电影排行榜，到随处可见的“A－B－C－D－E”学校计分法。同样，目前也正开发出一些技术手段来帮助完成确认。现在，也可采用六要素的五分制计分对是否构成商业秘密以及商业秘密的强度进行自动评分。

需要注意的是，对动态商业秘密组合的确认不应是静态的。举一个季度财务报表的例子，该报表使得发布前极为敏感的商业秘密在发布后变得为公众所知晓。类似的，只要新的包装设计在广告和商店货架上出现，这个新的包装设计商业秘密就会变成公共常识。此外，当某个商业秘密的重要性明显增强，其保密措施也要升级，当该信息从研发阶段转为生产阶段时，保密措施也会相应降级。

确认是否构成商业秘密资产是商业秘密统计过程的关键步骤。如果不对潜在商业秘密的商业秘密状态进行评估，那么商业秘密清单也就只能算是员工的建议清单而已。正是有了确认过程，才将法定保护的商业秘密与任何人出于法律目的可合法复制、披露、使用的普通认识区分开来。

员工分类和确认的好处

商业秘密信息来源于工作中产生或使用商业秘密的员工。将商业秘密的分类和确认方法向实际接触商业秘密的员工推行有很多好处。

明显的效益是成本。派出内部或外部顾问到员工的工作地点进行广泛访谈是一项成本很高的业务。假定分类和确认程序可以做得足够简单，不用其他人，雇员自己就可以输入信息。这占用员工的时间就会比访谈过程应花的时间少，同时也节约了访谈训练的成本。

然而，更重要的是安全。商业秘密信息应安全到位。将商业秘密暴露给访谈者，无论该人是公司内部人员还是公司外部人员，都会增加曝光度，从而会增加丧失的风险。访谈过程是对访谈者培训公司所有的商业秘密。假使我们已经看到第 7 章内部人员使秘密丧失的风险的内容，就知道前景真是令人心寒。

商业秘密清查应该让商业秘密更安全，而不是因曝光度增强而增加丧失风险。

这是 SFP 分类法和五分制确认法的重要性所在。让分类和确认过程足够简单，可使得该过程向已接触商业秘密的员工推行，提高准确性、降低成本并维护商业秘密的安全。

商业秘密的保密分级

对于不同的商业秘密，处理方式也应不同，就此而言，会计流程只是形成了一份未分级的商业秘密清单。UTSA 要求安全措施“视情形应合理”，法院认为公司商业秘密的相对价值实际上是确定安全要求水平适当的条件之一。公司销售激励计划的架构、重要高管的薪酬方案、失败的试验结果都是商业秘密，但是它们的敏感程度与公司旗舰产品的配方、新产品发布计划或发布前的季度业绩是不同的。商业秘密必须进行保密分级，标出其敏感程度，指明处理方法和安全措施。

建议分类等级不要少于三级也别超过五级，包括对无需保护的公知信息的“非保密”级，和公司有义务保护的“个人信息”级，如员工或客户地址、住宅电话、社会保险号和健康信息。

剩下一至三级就是专门用于商业秘密的分级。公司不同，使用的分级标签也不同。但是，如果只有一级，则最常用的标签就是“保密和专有”；如果有三级，则通常使用的有“保密”“机密”和“最高机密”。对于每一级而言，都应根据该级商业秘密的敏感度，对于发布、披露、传送和访问控制及跟踪设置相应的安全措施和制度结构体系。

潜在商业秘密的分级标准也可在清查过程中由员工收集整理，并在最后审核过程中由专业评估师进行审核。一旦采用分级标准，应根据适当的分级计划用该标准直接指导商业秘密资产的管理。尤其是，一旦采用分级标准，如果商业秘密目前还未管理到位的话，需要确保对商业秘密信息建立适当的分级制度，并且所有的商业秘密信息均应在其所出现的任何载体上被附以适当的分级标识。一些分布较为广泛的文件可能还需要重新进行编辑，以去掉文件中比较保密的信息。同样，目前正涌现出新的技术能够简化此工作，智能编辑软件就是开发出来完成这些工作的。

与确认程序一样，在动态的商业秘密环境下，分级也不会是静态的。如果一项试验取得了成功且有重大突破，失败的试验结果就会变得更为敏感；然而，如果产品未获成功或已经在市场上过时，则极为敏感的产品配方可能就变得没那么敏感了。分级情况应当定期审查，以确保密级以及由此确定的处理方法和安保措施仍然适用于当前商业秘密信息的敏感程度。

清查、分类、确认和分级工作完成后，公司就拥有了一份内容完整、层级分明的实际商业秘密资产清单，该清单密级合适，能够确保采取适当的处理方案和安全协议。

小　结

创建任何适当的会计核查所需的商业秘密清单，步骤如下：清查潜在的商业秘密；将潜在的商业秘密进行分类；确认潜在商业秘密中的实际商业秘密；将经确认的商业秘密进行分级，以确保采取适当的处理方案和安全协议。清查步骤可以通过员工直接报告、员工访谈或自动从员工处采集的方式完成。商业秘密按 SFP 进行分类既直观又细致，无须对员工进行培训。确认步骤非常关键，将商业秘密信息与不符合 UTSA 标准的信息区分开来。最后，分级步骤让公司建立起一种分级架构，确保按照敏感程度对商业秘密信息进行适当的处理和保护。实施上述程序的最终结果就是，公司商业秘密资产的清单完整、有用且有章法，该清单密级合适，便于采取适当的处理方案和安全协议。

第 13 章 评估与报告

概　　要

商业秘密评估是公司认识其真实价值的关键步骤。因为对商业秘密的定义预计着将来的现金流量，所以推荐的商业秘密评估方法是评估由商业秘密信息所获得的净现金流量。美国财务会计准则委员会（FASB）规章要求对获得的商业秘密进行评估，采用 FASB 规章评估公司内部产生的商业秘密，同样需要在公司内建立单一的商业秘密评估制度。商业秘密评估报告可采用提供附加的股东和投资者指导，而非向竞争者披露商业秘密信息的方式进行。最后，商业秘密资产化允许按照与公司有形资产同样的方式进行处理，包括资产保险、资产抵押以及向其他公司进行资产许可。

评估的重要性

对于任何资产的核算，评估都是非常必要的，包括商业秘密资产。商业秘密资产的评估对于认识商业秘密清单的全部价值同样非常必要。商业秘密资产化要求准确确定商业秘密资产的价值。一旦资产化，公司值得为商业秘密上保险，将商业秘密许可给其他公司，以及用于抵押贷款。在各种兼并和收购谈判中，商业秘密评估也是确定公司价值的主要因素。

在商业秘密资产采取的保密措施中，评估也起着关键作用。对于某商业秘密资产采取怎样的保密措施才算适当，这取决于商业秘密资产的价值。根据 UTSA 要求，保密措施“视情形应合理”；法院在认定采取哪些保密措施才算合理时，也是将商业秘密信息的价值作为考虑情形之一。另外，如果商业秘密资产成为商业秘密侵占诉讼的主题，那么其评估会让法院考虑补偿性和惩罚性损害赔偿金。

最后，如果没有评估，也就无法作出商业秘密资产报告。如果已确定商业秘密没有价值，还有什么值得报告的呢？没有商业秘密资产报告，公司的股票估价就缺乏降低预期股东风险和股价波动的具体依据。

评估的难点

商业秘密资产评估比有形资产评估更为困难。每种有形资产都有历史购买费用记录可以作为评估基础。而且，有形资产通常都有可在市场上准确确定的重置成本。同时，市场也可用来帮助确定有形资产的评估。

商业秘密自始至终都是信息。商业秘密清单中没有有形商品的条目。信息本身不像有形资产那样有明确的界定或定义。商业秘密只能是由公司确定，因此没有可以确定的重置成本，也没有用来辅助确定资产评估的市场。最终的结果就是，可能没有办法确定历史成本。对于由研究部门开发的商业秘密来说，什么是真正的获取成本：灵光一现的时间成本，还是多年反复试验的大量研究预算？

最后，依据目前的规定来看，商业秘密资产评估也是非常复杂的。公司会计报表中报告的有形资产账面价值通常是贬值的获得成本。这也许与实际的重置成本或二手设备市场中商品的公平市场价格关系不大。因此，对于商业秘密的规定也是一样的。FASB 第 141 号和第 142 号文件提出了对公司合并或收购中获得的商业秘密资产进行适当的核算，并且评估结果可能与公司商业秘密的实际价值关系不大。然而，FASB 第 141 号和第 142 号文件并未涵盖公司内部产生的商业秘密的报告情况，导致出现了两种商业秘密会计核查类型。

内部商业秘密评估方法

由于没有实际的获得成本、重置成本或市场价值，许多用于有形资产评估的方法无法应用于商业秘密资产。然而，UTSA 关于商业秘密的定义提到了评估：“商业秘密是指可以获得实际的或潜在的独立经济价值的信息；该信息通常不为人所普遍知晓；他人通过披露、使用该信息能够获得经济价值”。《侵权法重述》（第 1 版）更明确指出：“商业秘密可包括任何配方、模型、设备或信息汇编，用于公司业务中，并让公司有机会获得那些不知道或未使用该信息的竞争对手的优势”。《反不正当竞争法重述》（第 3 版）明确指出：“商业秘密是指可用于业务经营或其他经营的任何信息，该信息足够有价值且保密，相对他人而言，拥有者可以获得实际的或潜在的经济优势”。“独立的经济价值”“占据竞争优势”以及“获得他人的经济优势”，这些法律定义要求商业秘密提供了解来自该信息的未来资金流量（“经济优势”）的机会。因此，确定商业秘密资产当前价值的正确方法是依据那些未来资金流量的当前净值，也称作贴现法。

不过，应当注意，这三种法律定义也都要求采取保密措施。UTSA 定义要求措施“视保密情形应合理”。《侵权法重述》（第 1 版）要求信息具有“对不知道或未使用该信息的竞争者的优势”，并将“为信息保密所采取的措施的程度”作为商业秘密六要素之一。《反不正当竞争法重述》（第 3 版）要求该信息要“足够有价值且保密”才具有商业秘密的资格。法院对于信息拥有者在最初未采取措施进行保护的信息不予保护。不采取合理的保密措施，该信息就不受商业秘密保护，任何人都可以合法使用该信息。在这种情况下，所主张的商业秘密资产的经济价值就等于零。

假定合理的保密措施到位，就可以利用分析方法来确定该商业秘密资产的价值。在具体的情形中，通常会需要评估专家的专业帮助来完成评估。尽管如此，我们可以就评价作出一些适用于所有公司的一般性评论。

首先，对于上市公司，无形资产的总价值通常不应超过公司账面价值（即有形资产和金融资产的账目）与其股票市值之间的差额。股票市场已经对公司的公平市价作出评估，其无形资产价值，包括商业秘密资产在内，不应出现总价值超出市场判断价值的情况。在第 2 章讨论过的 Google 案中，2015 年第二季度末，它的无形资产的总价值就不能超过 2400 亿美元。尽管完全可以提出理由证明市场低估了某家公司未来的盈利潜力，但如果缺少令人信服的分析，正在公开市场购买该公司股票的投资者作出的综合风险评估就应该优先于管理层认定的评估。

其次，在前面的章节讨论过，通过利用 SFP 对商业秘密资产进行分类，这提供了另一种评估观点。所有含在具体产品类别里的商业秘密，其综合评估应当根据该产品单独产生的净现金流来确定。用于多种产品的商业秘密资产评估，应当根据产品类别中的所有产品的净现金流按比例进行确定。

举个例子，可口可乐配方的价值应该根据可口可乐的销售预测净现金流来确定。此外，无论如何，与可口可乐有关的其他商业秘密资产的价值，例如市场计划、新的广告宣传活动、装瓶方法、供应商和分销商的名称和地址，都要根据可口可乐产品分类来确定。最后，用于碳酸饮料和类似产品类别的商业秘密资产价值的比例分配也同样要按可口可乐产品分类进行确定。所有这些商业秘密资产的总价值不能超过由可口可乐销售的预测净现金流。

同样，对于公司内的分公司，每个分公司内部的商业秘密资产总价值不能超过由该分公司推出的产品和服务的预测净现金流。

在特殊的例外情况下，贴现法可能并不合适。例如，一种在市场上可能失败的产品，那么前面预期的未来现金流就没有价值了。尽管如此，与该产品有关的商业秘密在应用于其他产品时，通过卖给或许可给另一家公司时仍然可以有价值。另一个例子就是研究部门开发出来的新的商业秘密，并不能确定其是否可立刻用于新产品中或者可用于一种新产品，但该产品的未来现金流无法预测。

收购的商业秘密的评估方法

自 2002 年以来，FASB 第 141 号和第 142 号文件已经涵盖了在公司合并或收购中获得的商业秘密及其他无形资产的评估。一些收购的无形资产，尽管总的说来早先因商誉已经载入史册并摊销超过 40 年，但是现在必须独立核算，包括确定资产的公允价值和有效期。这些评估必须由独立于公司的评估专家或公司的审计人员进行确定或检查。虽然 FASB 第 141 号和第 142 号文件在公允市价的确定方式方面有灵活性，但是对于内部知识产权要优先采用之前讨论过的贴现法进行评估很明确。

另外，FASB 第 141 号和第 142 号文件涵盖的无形资产的有效期不再局限于 40 年。尤其是，有效期很可能是不确定的。FASB 第 141 号和第 142 号文件的确要求每年要进行减值测试，以确定公允市价是否已经降到低于该资产的账面价值，并要求对差额进行记录。

最后，FASB 第 141 号和第 142 号文件要求，已获得的无形资产应委托被收购公司内部的独立报告单位进行评估。该委托与前面讨论的利用 SFP 产品目录法评估内部商业秘密是一致的。

FASB 第 141 号和第 142 号文件的贯彻执行完全不在本书讨论范围之内，但是值得注意的是，FASB 规则目前要求对收购的无形资产进行核算，包括商业秘密资产。另外，FASB 第 141 号和第 142 号文件规定的对收购的无形资产的核算方法，与推荐的内部商业秘密资产核算方法是一致的。尽管是收购所得，公司所有类型的商业秘密资产均可采用一种方法进行核算，另外，用这些方法核算商业秘密，通过报告单位事先进行并购评估，这为将来公司的合并或收购铺平了道路。

报　告

对于商业秘密资产评估报告，自然而然会提出两个问题。第一，报告是否会披露公司商业秘密的本质，从而提醒竞争对手，并导致竞争对手侵蚀信息的商业秘密？第二，规范并无报告要求，公司为何还要对商业秘密资产的价值进行报告？

当报告商业秘密资产的价值时，重要的是用足够上位的总类和足够概括的说明标签进行报告，使竞争对手难以了解信息的本质。例如，“通过焦点小组确定消费偏好的方法”，这种就属于描述过多，披露了公司使用焦点小组的方式；这种商业秘密应该归入更宽泛的标题，比如“市场调查方法”范畴。类似地，“结构金属产品退火方法”也过于具体，披露了公司使用了退火的方法；这样的商业秘密应按“结构金属生产方法”来报告。这种概括性描述帮助股东和投资人了解公司商业秘密资产的性质和价值，以及公司本身，但不会披露信息的本质。

在一些特殊的企业中，即便这样的另类也可能披露得过多。例如，对于一些企业，与营销、研发和制造相关的商业秘密的价值可能也给竞争者提供有价值的信息。在这种情况下，商业秘密资产的评估可以基于产品本身来报告，比如“关于结构产品的商业秘密”和“关于装饰产品的商业秘密”。在其他情况下，按产品分类也可能披露太多信息，那么商业秘密资产的评估可以以功能为基础进行报告，比如“营销商业秘密”和“制造商业秘密”。重要的是选择一种报告框架，使报告仅对股东和投资人有价值，对竞争者没有价值。

对于报告商业秘密资产评估，公司的利益是双重的。首先，对于市场资本化大大超过其账面价值的公司来说，商业秘密资产评估报告可以让股东认识到投资的风险。如果投资人可以利用经过深思熟虑的公司知识产权价值分析报告，那么就为公司股票价值打下了更为坚实的基础，可以降低股票价格的波动。

其次，商业秘密资产评估是公司商业秘密信息资产化的必要步骤。商业秘密资产化允许公司用与公司其他资产一样的方法处置这些资产，包括向其他公司担保、借款、许可和出售该资产。

商业秘密资产化

尽管人们谈论起无形资产、知识产权资产和商业秘密资产都很轻松，但是实际上他们很少真正按照与公司其他资产一样的处理方式来处置这些资产项目。不给公司建筑或车辆购买止损保险，就会以管理方面的刑事过失来论处，但对商业秘密进行投保却非常少见。公司的有形资产经常用于抵押贷款，在正常业务中经常买卖或租借这些资产，但是这些以资产为基础的交易没有一个涉及商业秘密。

几家大的保险公司尝试提供商业秘密保险，但均没有成功。技术问题一直在承保，特别是价值的确定和风险的精算评估。因此，企业就在对公司最有价值的资产不进行保险保护的状态下经营，他们甚至对价值略低的有形资产上保险进行保护，也不考虑对最有价值资产进行保险保护。

除了传播公司的止损风险和报告周期之外，保险公司会定期对它们的保险业务进行风险评估。对于建筑物险会检查防火预防措施，对于工人赔偿和健康险，会进行职业安全和健康评估。降低风险的方案，包括雇员教育、工作场所材料、业务过程检查和设备评价，都是由保险公司对投保人来管理风险。因此保险公司积累了大量的避险行业经验，并用这些经验来帮助各个投保人。

由于商业秘密资产未投保，所以这些经验都用不到。不对公司止险进行传播，也没有报告周期的话，公司就可能因某次意外遭受巨大的损失，最终导致一贫如洗。没有商业秘密止损的行业管理经验积累，公司也就无经验可用，使得每家公司只能独立开发、评估自己的商业秘密保护计划。降低商业秘密资产损失风险的方案尚未有标准做法，由于方案彼此之间各不相同，员工无法将他们的商业秘密保护经验从一家公司带到另一家公司。

商业秘密资产化则允许商业秘密投保以防遭受损失。通过公司的商业秘密资产清查和评估，与降低风险损失的有效安全和管理措施一起，将商业秘密资产转变成公司的实际资产，并使得给商业秘密资产投保成为可能。

一经保护、评估和投保，公司的商业秘密资产同样也可用于抵押贷款。公司不必受限于由账面价值或股票的股权收益减损所表征的有形资产。

最后，没有理由不能出售公司的商业秘密资产或许可给其他公司。尽管公司可能并不希望将商业秘密许可给直接的竞争对手，但是，许多商业秘密已经用于公司内部的特殊用途之外。一旦公司对其商业秘密进行适当清查和分类，将商业秘密许可或出售给相邻市场的公司就可获得额外的收入来源。商业秘密评估也为商业秘密的许可费、售价提供了有价值的指导。

小　结

商业秘密资产评估是知识产权资产管理的重要部分。评估可采取多种方式进行，但最常用的是根据源于商业秘密的净现金流来计算。目前，FASB 法规要求对收购的商业秘密进行评估，这些法规要求与评价内部产生的商业秘密的最佳做法相一致。商业秘密的评价报告，如果评估正确，会给股东和投资人提供额外的指导，却不会将商业秘密信息置于风险之中。最后，商业秘密资产化可为公司之前的传统有形资产创造收益，包括可保险、可抵押担保，并可通过出售、许可商业秘密信息增加收入。

第14章 商业秘密生命周期管理

概　要

商业秘密是动态变化的，每个商业秘密都有一个生命周期，从创造、开发、专利选择、应用和潜在的许可，到最终过期。正确处理商业秘密应当考虑商业秘密在其生命周期中所处的阶段。商业秘密的密级在其生命周期中也会发生改变，直到它最终因过时而被解密。商业秘密的生命周期管理使得公司从商业秘密获得的经济利益最大化，确保保密措施安全有效，并通过减少不必要的安全保密工作降低成本。

创造阶段

当商业秘密创造出来时，其对公司的最终重要性可能尚未被知晓或理解。举例来说，一种新型汽水的试验配方，最终可能被选为上市销售的配方，也可能不会被选中。即使被选为上市销售的配方，新的汽水可能在市场上销售并不成功，也可能出乎意料地成功大卖。同时，商业秘密一旦被公开，它就不能“再成为秘密”。正因如此，当商业秘密创造出来时，应当将其分为最终应得的最高密级。

假定公司新型汽水的试验配方有三个商业秘密分类等级：“秘密”“机密”和“绝密”。公司可根据各自的政策，将全部产品配方进行分级，将主打产品定为“绝密”级，将其他普通产品定为“机密”级。另外，失败或不合格品配方可定为“秘密”级。在这种情况下，该新汽水的试验配方应该定为“绝密”级，因为目前尚不知道该配方最终是否会成为不合格品，还是会作为普通产品在市场上销售，或是作为公司主打产品之一在市场上销售。如果该配方的地位从试验配方变成不合格品，或普通产品，有必要的话，其商业秘密分类就可以降级适当的水平。

这是对这种共同的、直觉的理性解释，研发活动是公司最敏感的商业秘密保护领域。对于研发领域的商业秘密信息，其重要性仍然是未知的，因此，研发阶段的所有商业秘密信息必须按最高密级进行处理。

开发阶段

随着商业秘密的不断开发，新的商业秘密被创造出来，支持并促进原始商业秘密的使用。在新汽水的试验配方例子中，可能创造出新的包装设计、推出营销活动计划、开发出印刷品和电视广告、需要新的瓶装设备，也可能需要为新饮料市场制定新的销售计划。应努力使新开发的这一揽子商业秘密在处理方式上保持内部一致。举例来说，营销活动的密级如果比配方本身的密级还要高，这可能不太合适。另外，新的瓶装设备可能将试验配方信息的重要性体现在其独特设计中，因此应该与新配方本身分成同一密级。

随着商业秘密的不断开发利用，其对公司的重要性可能越来越为人所了解。对新配方的市场调查可能表明，该新汽水将成为公司的主要卖点，同时也带动公司的其他产品进入新市场，理应树立公司主打产品的地位，因此保留其“绝密”级。反之，市场调查可能清楚表明，该产品与公司其他产品一起，依靠包装销售稳定，因此更多算是普通产品，在公司分类决策中应将其密级状态降至“机密”级。最后，如果表明该产品可能不会在市场上成功销售，项目可能要整体降级，也导致配方的分类等级降为“秘密”级。对于我们例举的公司来说，密级状态是绝对不能降到“非保密”级或“未列入密级”的；如果没有其他原因，该秘密只是为了否定竞争对手与公司研发努力方向差不多的任何信息，那么所有的饮料配方均应被视为商业秘密。

专利选择阶段

每个专利刚开始时都是商业秘密。反过来，许多商业秘密在生命周期中，生来就面临着一个问题，即评价一项商业秘密是否构成可授权主题。要想授权，商业秘密信息也必须是新颖的、实用的、非显而易见的。这些因素的确定常常需要公司的专利律师进行可专利性审查。

即使商业秘密信息是可以取得专利的，将商业秘密资产转化为专利资产仍可能不符合公司的最佳利益。当专利公布时，专利申请文件会将信息公开，其中的所有商业秘密权利也都将丧失。如果你选择在外国寻求专利保护，美国专利商标局会在 18 个月之后公布专利申请，这通常会早于最终的专利授权决定日。结果可能导致发明不能按商业秘密或专利进行保护，因为商业秘密权利随着申请的公布而丧失，并且如果专利申请被美国专利商标局否决，则专利权自始不存在。

申请阶段

在产品制造过程中，商业秘密需要在公司内部得到更广泛的应用。参与产品制造、零部件或原材料采购、成品包装、手册和包装的撰写及印刷的员工和供应商，以及与新产品介绍有关的其他工作人员，要想带产品出门，都将需要一定级别才能访问某些商业秘密信息。对与产品有关的商业秘密进行适当分级的重要性，现在已经非常清楚了。对此，需要注意的是，对于较高密级的商业秘密不要披露得过多、过广。

在汽水例子中，很明显，最重要、最敏感的商业秘密是产品配方，包括必要原材料的购买、产品配方与瓶装设备的结合。可采用多种方法来隐藏这些商业秘密，包括将原材料与其他产品一起集合采购，从多名供应商那里分批采购每种原材料，从而没有供应商会知道每种原材料的用量是多少，或者甚至过量采购或额外采购原材料，然后再将多余原料丢弃不用，以及在安全的中心场所生产一种或多种中间产品，例如糖浆。所有这些方法都同样适用于其他产品，包括机械、电气产品。

对于与产品有关的次级商业秘密，没有必要采取这种成本高昂的极端措施进行保护。无论如何，广告活动不久就会人尽皆知且被撤销密级，产品包装、手册及其他相关印刷品也是一样。关键是要有效归类商业秘密，从而可根据每项商业秘密的敏感度合理采取安全措施，尤其是访问控制。

许可阶段

尽管公司拥有的商业秘密非常敏感，例如文中所举的汽水配方的例子：以致很少有适合许可的情形，但是，公司拥有的其他商业秘密信息也可能作为候选，许可或卖给其他公司。公司关于包装汽水的专门技术，可能对在其他产品领域或其他地区竞争的其他公司很重要。在这种情况下，商业秘密许可使得商业秘密信息为公司带来了额外的经济效益。

显然，在谈判过程中，以及选择潜在的被许可人时一定要小心。谈判完成之前不能披露商业秘密信息。这与第 8 章讨论的商业秘密许可谈判相关的流入信息保密问题正好相反。商业秘密信息对被许可人的价值应由独立的第三方进行调查，商业秘密信息可以透露给第三方，第三方可以向被许可人提出建议，但不会披露信息。

在选择潜在的被许可人时也必须慎重。显然，需要担心的是确保被许可人现在不是、将来也不太可能成为公司的直接竞争对手。在非竞争的产品领域许可商业秘密信息虽然可以提高竞争对手的经济地位，但这为公司正在竞争的产品领域提供了额外的资金。

另一个需要重点担心的是潜在的被许可人的保密习惯。如果被许可人现场采取的商业秘密保护计划无效，那么由被许可人对许可人的专有信息作出的安全保证几乎毫无作用。因此，对潜在的被许可人的商业秘密保护计划和协议进行评估，这应该是任何许可中需要考虑的一部分事项。

过期阶段

由于他人可以独立开发，所以商业秘密随时有可能成为过时的信息。本书中的过时并不意味着该信息不再有用；这里的过时指的是，因为该信息不再是秘密，导致该信息缺乏源于信息保密具有的独立价值。一旦该商业秘密在行业中已被广泛地知晓，从法律角度讲，这种信息中的商业秘密权利就丧失了。

然而，将该信息的实际用途保密仍然可以让公司有收益。就汽水配方例子而论，假定该饮料含有汽水通常没有的一种特殊配料，在包装列出的授权产品配料中归为“天然香料和人工香料”。即使公开披露了该配料可能适用于汽水，甚至适用于我们假设的特殊类型的汽水，那也不会披露该汽水公司在其他特定产品中实际使用了这些配料。因此，将这些配料的用途进行保密，仍然可以确保该用途信息能作为商业秘密。在其他情况下，在公共领域披露具体方法或成分，将损坏与信息有关的任何方面的保密的利益。在后一种情形中，该信息作为商业秘密应降级保密。

另一种过时的情形就是当信息不再具有任何实际的或潜在的经济价值时。如果信息对于公司的竞争对手具有实际的或潜在的经济价值，那么该信息仍然适合保密。但是，如果信息过时或缺乏经济价值，那么就不必进行保密。举例来说，当标准被取代时，与特定规范或技术标准相符的专有方法可能就不再有用。在这种情况下，适当的做法就是将信息解密。

最后，当公司自己有意披露时，商业秘密信息可能就过时了。这里的一个例子是公司的季度财务报告，在发布之前属于高度敏感的保密信息，但是将在发布日那天在公司的监管文件和公司网站上进行发布。一旦公开，就适合对这种公开的信息撤销密级。即使该信息依然有用，但是信息已向公众公开，这种信息的商业秘密地位也就丧失了。

小　结

商业秘密是动态的，都有一个生命周期。如果保密性能得以维持，并且能从商业秘密中获得最大利益，非常重要的一点就是，要在其生命周期的各个节点上，妥善处置每项商业秘密。商业秘密的生命周期包括创造阶段、开发阶段、专利选择阶段、应用阶段、潜在的许可阶段以及过期阶段。在整个生命周期内，对每个商业秘密进行合适的分级，这将保证商业秘密能得以妥善处理，并且用最低的安全成本获得最大利益。

第Ⅳ部分

未来发展

我们都应该关心未来，因为我们必须在那里度过余生。

——查尔斯·F. 凯特林

第 *15* 章
商业秘密保护法（*2016*）

概　要

美国第 114 届国会正在修订《经济间谍法》，要增加民事诉讼理由，允许商业秘密侵占按照联邦法提起民事诉讼。《经济间谍法》是基于并效仿州法院使用的 UTSA 而建立的，但是，在保护当前各州和国际环境下，大多数公司运行的商业秘密方面还可以提供联邦法院的程序优势。经济间谍法修正案包括被盗商业秘密信息的单方面扣押，允许采取快速有效的措施，防止商业秘密信息传送或传输到美国之外，超出法院管辖范围。

1996 年《经济间谍法》

我们前面已经提到 1996 年通过的《经济间谍法》（EEA），EEA 是一种刑事成文法，将窃取商业秘密定为联邦犯罪行为。作为刑事成文法，被公司用来保护商业秘密并不可行：该法只能由联邦检察官使用。其举证标准是刑事诉讼的“无可置疑原则”标准。最后，可用的法律救济是罚款和监禁，而不是对公司商业秘密权利人最重要的禁令救济和损害赔偿救济。由于刑事举证责任较重，加上联邦检察官资源有限，这两项因素限制了 EEA 的实施。因此，每年提出的经济间谍法诉讼案件不到 12 件，而在新千禧年，每年提起的商业秘密民事诉讼案件已远远超过 1000 件。

附录 A. 3 提供了 EEA 的原文。其对商业秘密的定义主要取自 UTSA，但是其应用范围已明确地扩展到现代计算机技术领域：

“商业秘密”是指所有形式和类型的金融、商业、科学、技术、经济或工程信息，包括模型、计划、汇编、程序装置、配方、设计、原型、方法、技术、工序、程序、方案或代码，无论有形还是无形，无论如何存储、编辑或记录，无论是物理方式、电子方式、图表方式、照片方式或书面方式，如果

(A) 权利人已经采取合理措施对这种信息进行保密；以及

(B) 由于该信息不为公众普遍知晓，且通过正当手段不易获得，从而产生实际或潜在的独立经济价值……

我们再来看 UTSA 规定的四个关键要素：（1）该信息能带来经济效益；（2）不为公众普遍知晓；（3）或不易获得；以及（4）权利人已经采取合理措施保密。

同样地，EEA 中的侵占行为也反映出 UTSA 对侵占的定义：

（1）盗用，或未经许可挪用、取走、带走、隐藏，或通过欺诈、诡计、欺瞒而获得商业秘密；

（2）未经许可复印、备份、绘制草图、画图、拍照、下载、上传、修改、毁坏、影印、仿制、传送、递送、发送、邮寄、通信或传达商业秘密；

（3）明知是盗用，或未经批准挪用、获得或侵占所得，仍接收、购买或占有该商业秘密。

EEA 第 1831 节涉及“惠及任何外国政府、外国组织机构或外国代理机构”的商业秘密偷窃罪，而第 1832 节涉及“惠及商业秘密权利人之外的任何人”的商业秘密偷窃罪。如此区分这两方面：（1）联邦法必须解决联邦层面的问题。关于第 1831 节，涵盖的是“外国政府、外国组织机构或外国代理机构”，而第 1832 节涉及的商业秘密盗窃罪适用于“各州或对外贸易使用或计划使用的相关产品或服务”。（2）关于第 1831 节和第 1832 节，EEA 规定的惩罚方式也有所不同。对境外实体的经济间谍活动的惩罚要比对国内实体的商业秘密偷窃罪的惩罚更为严厉。

EEA 和 UTSA 的不足

作为联邦刑事成文法，对于信息已被盗的商业秘密权利人来说，EEA 的不足之处在于：

（1）案情必须证明无可置疑，而不是采用优势证据。由于商业秘密盗窃总是暗地进行，所以证明案情的高标准证据可能并不存在。

（2）案件必须由联邦检察官提起诉讼。即商业秘密权利人对于刑事诉讼无控制权，甚至没有提起诉讼的权利。

（3）EEA 未对民事损害赔偿或禁令救济作出规定。作为刑法，其惩罚形

式包括罚款和监禁，这当然能阻止商业秘密盗窃，但是对受害方没有好处。

（4）EEA 未规定：在商业秘密信息传送到美国刑法管辖范围之外的其他国家之前，可以让商业秘密权利人迅速采取措施，截获被盗的商业秘密信息。

作为州民事成文法，对于信息已被盗的商业秘密权利人来说，UTSA 也有不足之处:

（1）没有双方州法院的参与，商业秘密侵占诉讼任何一方的律师均不得跨州发出有效传票。这些法律程序可能需要多个法院参与开庭，并耗时数月才能解决。在商业秘密案中，这种刻不容缓、无法弥补的伤害性使之的确成为令人棘手的一大问题。因为商业秘密一旦丧失就永不再有了。

（2）UTSA 对于州际行为人没有执行权。收回法院判决的损害赔偿金或者请求跨州执行法院令或禁止令是另一棘手问题。

（3）同样地，UTSA 对于外国行为人没有执行权。对于外国行为人或组织，州法院无权收回判决金或执行州法院令或禁止令。

（4）UTSA 属于州法规，不具备国家联邦法规的认可度和威望。对于专利、版权和商标，均可提起联邦诉讼，但是对于商业秘密却不行。更糟糕的是，纽约州和马萨诸塞州尚未执行 UTSA。然而幸运的是，纽约州和马萨诸塞州接受《反不正当竞争法重述》（第 3 版），使得美国普通法与 UTSA 协调一致，从而将纽约州和马萨诸塞州纳入 UTSA 框架，尽管是间接纳入。

在根据《联邦计算机欺诈和滥用法案》（CFAA）提起的民事诉讼具体案例中，有些问题已经得到解决。CFAA 禁止未经批准或越权使用计算机，以免造成损害或损失。对于违反 CFAA 的案件，初审管辖权在联邦法院，并且可以将 UTSA 作为“悬而未决”的州法律要求，与 CFAA 的诉讼理由一道提出。无论如何，CFAA 的发展历史相当曲折，也出现过前后不一致的判决结果，要限制 CFAA 对商业秘密侵占索赔的法律适用。此外，有一个索赔金额为 5000 美元的管辖权，在一些管辖权中已经被用来解释对计算机系统的有形损失要求。简而言之，对于根据 UTSA 提起的涉及计算机环境的商业秘密侵占诉讼，目前尚未证明 CFAA 是令人满意的替代选择。

同样地，公民身份存在多样性，如原告和被告居住在不同的州，也可作为起诉理由，将 UTSA 案件移送至联邦法院。然而，在大多数情况下，如果至少有一名被告与原告之一住在同一个州，这就破坏了公民身份的多样性，并剥夺了联邦法院的管辖权。

考虑到现代经济发展过程中，州际和国际性质的商业秘密案例越来越多，商业秘密案例的直接损害也越来越严重，这就需要提出一种解决方案，保护美国经济的信息资产。

《商业秘密保护法（2016）》

2008 年，本文作者之一在约翰·马歇尔法学院的知识产权法综述中，对 EEA 提出了两点关键修订建议，针对立法者已经关注的问题给出了解决方案。这促成了《商业秘密保护法（2016）》（DTSA）立法，一份两党两院的议案在 2016 年 4 月在国会通过，并签署成为法律。《商业秘密保护法（2016）》全文参见附录 A.4。

与原 EEA 相比，该解决方案主要有两大变化：

（1）增加经济间谍法案件的联邦民事诉讼理由，使受害者能够利用联邦法院的全部机制，包括国内诉讼程序和域外管辖权，向联邦法院提起商业秘密侵占诉讼，同时，UTSA 作为州法律并无优先主张权。

（2）增加关于单方面扣押令的特别规定，以保留商业秘密侵占证据，并防止作为诉讼标的的商业秘密扩散或传播。

DTSA 第 1836 节对新的民事诉讼理由，作如下规定：

“如果商业秘密权利人因商业秘密被侵占导致利益受损，而该商业秘密涉及州际或对外贸易中使用、打算使用的产品或服务，则当事人可以根据本款提起民事诉讼。”

与从 EEA 衍生出来的 UTSA 相比，DTSA 对商业秘密的定义并无变化，而是直接采用了 UTSA 对侵占和不正当手段的定义。这意味着，在商业秘密案例中建立起来的现有判例，自 DTSA 实施之日起便适用于实际案件。

DTSA 的好处

DTSA 的好处怎么宣传都不为过：

（1）DTSA 为全美国提供统一的商业秘密保护制度。

（2）DTSA 首次为纽约州和马萨诸塞州提供法定的商业秘密保护。

（3）DTSA 规定民事诉讼理由，必须通过优势证据证明。

（4）DTSA 的原告有权控制是否起诉、何时起诉、如何辩论，以及如何解决。

（5）DTSA 提供统一商业秘密法涵盖的全套民事救济。

（6）DTSA 提供国内诉讼程序，承认跨州界找到的证据；对于美国以外发生的行为发生具有域外管辖权。

（7）DTSA 执行单方面法院申请的特殊程序，以保护证据，并防止商业秘密向美国境外传播，允许商业秘密权利人迅速采取行动，以在商业秘密传播出境之前，截获被窃取的商业秘密信息。

（8）DTSA 对州际行为人执行法院命令和法院判决。

（9）DTSA 提供联邦法院的命令和判决执行方式，涉及美国境外发生的行为，如果罪犯是属于美国公民或永久居住外国人的自然人，或者是按照美国联邦法律、州法律、美国政府部门法律组织起来的实体。

（10）DTSA 保留 EEA 的所有其他规定，几乎没有改变 UTSA 对商业秘密、侵占和不正当手段的定义，从而继续受益于美国各级司法部门（包括州法院和联邦法院）36 年来，依据 UTSA 进行审判的历史和形成的判例，而这些又构成了 EEA 的坚实基础。

（11）DTSA 将使得向联邦法院提起商业秘密诉讼案时，不必援引 CFAA 的主张或者公民身份多样性的诉理。

《反诈骗腐败组织犯罪法》（RICO）条款

DTSA 还对 EEA 进行了修订，增加了第 1831 节和第 1832 节，作为根据美国法典第 18 编第 1961 节和第 1964 节关于民事 RICO 的基础行为。对于十年之内，基于两种或两种以上的盗用商业秘密的基础行为，现在，将提供一种按违反 RICO 提起民事诉讼的法律途径。目前，民事 RICO 与 EEA 一起，将为提起商业秘密“共谋”案诉讼提供法律途径，案件涉及外国行为人，以及共谋窃取商业秘密的其他人，即使另一共谋犯已经被判侵犯商业秘密罪。这将是对外国商业秘密盗窃行为的巨大威慑，因为不良行为人的所在地不再能阻止在美国法院提起 RICO 诉讼事由。

DTSA 的实践

DTSA 将如何改变商业秘密法？它会给商业秘密诉讼案带来怎样的改变？它又会给本书带来怎样的改变？

DTSA 对商业秘密法的重要改变将是程序上的改变，而不是实体上的改变。DTSA 将排除大量的程序障碍，例如关于州际传票在多个州进行的法院审理，关于居民身份多样性的审判场所争议，以及驳回 CFAA 主张的动议。这些程序问题使诉讼更复杂、周期更冗长、成本更高昂，只是用来延迟或者否决原告寻求紧急救济或初步禁令救济的权利，以及对案情进行全面审理的权利。

DTSA 将使得商业秘密法在 21 世纪继续蓬勃发展，帮助商业秘密侵占案件的受害者，防止因商业秘密扩散到海外而造成损失。DTSA不会改变商业秘密法的任何实体内容，该法在美国几乎可追溯到200年前。由于DTSA对具有坚实基础的商业秘密、侵占和不正当手段的定义保持不变，并且与UTSA相比几乎没有变化，所以联邦法院将能够把几十年来的UTSA的判决结果应用到DTSA的民事诉讼案中。前面章节中讨论的所有内容仍将继续适用。除使用和赔偿之外，原告仍必须证明商业秘密的存在、所有权、告知和访问控制等要素。商业秘密存在的定义与《侵权法重述》（第1版）非常类似，并且其中对六要素的考虑仍然是确定诉称的信息资产是否满足DTSA商业秘密资产要求的判断标准。禁令救济和损害赔偿的权利仍然保持不变，UTSA归入EEA中的其他规定也会在DTSA中保留。

最后，商业秘密权利人保留了依据UTSA向州法院提起商业秘密侵占诉讼，而不是依据DTSA向联邦法院起诉的选择权。对于案子较小，或当事人规模较小的情形，如果不涉及州际或国际问题时，或由于其他各种原因，这可能是一种优选的诉讼方案，能避免按照联邦法规诉讼所增加的诉讼费用。

小　结

2016年的DTSA将为EEA增加民事诉讼理由。实际上，DTSA将UTSA提升到了联邦法的地位，而使用的定义和法律救济仍与UTSA相同或相似。如此以来，DTSA保持了现行的判例法，同时简化了涉及州际或国际问题的商业秘密案件的程序问题。对于不存在州际和国际问题的原告，UTSA在个别州仍然适用。

第 16 章 商业秘密资产自动化管理

概　　要

长期以来，人们认为商业秘密资产是不可能进行自动化管理的。的确，商业秘密不能完全像其他公司资产一样进行管理，但是，只要不是对于商业秘密的基本性质及其必要的保密防护措施视而不见，自动化管理就是可能的。

自动化方法

本书前 15 章讨论了商业秘密的性质，导致商业秘密权利丧失的情形或得以维护的可行手段，以及更加先进的分类、识别、分级、评估和资产化等概念。接下来需要考虑的就是，到底有多少最高等级的商业秘密能够实现管理自动化。

如同其他的公司流程一样，如工资单、库存管理和客户关系管理，商业秘密资产管理自动化能够节省成本、为决策者及时提供信息、改善组织的整体效能。如果对商业秘密资产进行自动化管理的话，可能给公司带来的效益比其他管理要大得多。

商业秘密资产自动化管理使得公司更具前瞻性。员工可更加清楚其保密义务和不使用义务，或许可以预防侵占和诉讼。提起诉讼保护商业秘密也可以更快、更清晰、更具战略性。安全措施可量身定制，实时响应公司商业秘密前景的变化。商业秘密管理过程的自动化可以废除信息管理者已经日益熟悉的紧急应急措施演习。

种种原因之下，作者从千禧年开始之前，就一直在开发和使用商业秘密资产管理过程的自动化方法。

分　类

第12章讨论了用于商业秘密分类的SFP方法，这一方法尤其适合开展自动化管理。一旦限定好公司可能涉及的主题（Subjects）、类型（Formats）和产品（Products），再想确定商业秘密的三维空间、给每个商业秘密分配一个SFP就简单了，只要从三个下拉框里选择合适的主题、类型和产品即可。这并不比给在线零售商付款时选择你的信用卡到期日期复杂。

一旦按SFP进行分类，商业秘密就可以进行捆绑化管理了，不管是通过单独的SFP，还是通过依据不同主题、给定类型、具体产品或产品系列来选择所有的商业秘密。

EONA证据

第3章提到，商业秘密只能在诉讼时进行验证，而EONA证据对于证明商业秘密权利尤为重要。商业秘密权利人必须在法庭上顺利出示存在、所有权、告知和访问限制证据，以在商业秘密侵权控告中占据优势。那么，我们用计算机自动化系统做哪些工作，才能更容易出示这些证据呢？

首先，存在性证据取决于在第3章中详细描述的商业秘密六要素。如果我们给每个商业秘密的各个要素按照1～5分打分的话，就如同在第12章描述的那样，我们可计算六要素的总得分，以便得出每个商业秘密的可靠系数。该可靠系数表征了所声称的商业秘密在法庭上能被判定为真正的商业秘密的可能性，从而让辩护律师易于作出有根据的选择，决定哪些所谓的商业秘密要在未来的商业秘密侵占案中进行辩护。

这一点至关重要。尽管在某个侵占行为中，可能有1000个商业秘密被窃取，但在法庭上针对1000个商业秘密进行指控，这种诉讼策略是不明智的。因为陪审团对于每个所声称的商业秘密必须作出两种决定：第一，实际上是商业秘密吗？第二，是被告窃取的吗？在庭审时宣称所谓的1000个商业秘密，就需要陪审团作出2000种决定。在实践中，法院不会允许这一情况发生。双方辩护律师很可能被要求“选出最好的10个商业秘密来辩论”。这样，如果主张1000个商业秘密的话，就要让被告辩护律师选择原告最差的10个商业秘密来抗辩。最好是，鉴于原告是“首先发起战斗”的一方，就由原告来选择“制高点”：主张最好的10个商业秘密，就是可靠系数最高的10个商业秘密，让被告辩护律师不容易抗辩。

计算机自动化在此也能发挥作用。如果计算机数据库包含员工记录：在其雇佣期间，与哪些团队共事过，参与过哪些项目；还包含商业秘密记录：哪些团队了解哪些商业秘密，在哪些项目中使用；以及哪些知识和使用的日期；那么，暴露给员工的商业秘密就可以通过自动化手段找到。用可靠系数进行保存，对于辩护律师来说帮助巨大，可以确定哪些声称的商业秘密最具风险，哪些声称的商业秘密是在庭审主张中的最佳选择。

任何商业秘密诉讼，最重要、最艰难的部分是确定“标的物”，所谓“它”的分析。起诉书声称商业秘密被盗，那么“它”是什么呢？该商业秘密是什么？这是该起诉书的基本问题，也是该诉讼进行所有下一步行动的基础。最重要的问题就是从一开始就切入正题，很多商业秘密诉讼就因为分析不够或者不作分析，耗时数月、数年，并且花掉数百万美元诉讼费之后败诉。

在商业秘密侵权案件中，诉讼总是从起诉书开始，然后是对起诉书进行答复，但紧接着下一步很可能就是被告的强制动议。这需要原告对主张已被窃取的商业秘密的特定性进行确认。注意，这是在证据开示之前，因此没有审前调查可以回答这一问题。如果缺少商业秘密的自动化管理和主动清查，律师要花费大量的时间应对这项强制动议，并且需要在诉讼时间表的压力下完成。这种做法不能在保护自己的商业秘密权利的诉讼中，打下胜诉的基础。

关于计算机自动化，还有一个问题需要考虑。在系统中输入被告员工的姓名，可以立即获得已经披露给该员工的商业秘密的清单，按可靠系数进行分类，从中选出要在法庭上主张的那些商业秘密。可以想象，在任何商业秘密诉讼中，如果原告隔天就能准备好对最困难、最重要的动议进行答复，被告辩护律师得有多么沮丧！

SFP 分类和六要素识别的交叉使用

上一节提到，对每个商业秘密的六要素逐一按 1 ~5 分进行排序。如果涉及上百万件的信息，景象可能令人生畏。但是交叉使用 SFP 分类和六要素识别，能够大大减轻这一压力。

实践过程中已经发现，在某类 SFP 中，所有的商业秘密，其六要素得分非常相似。

这一发现的重要性怎么强调都不为过。尽管仍然建议重要的关键任务信息要单独排分，但是，公司大部分的商业秘密信息可以按照 SFP 分类进行排分，而不是按单项商业秘密进行排序。

SFP 分类的重要性现在已经清楚了。类似的商业秘密可以分在一组里。事实证明，它们也可以在一起打分。起初棘手的信息管理问题已经可以得到处理，甚至很容易处理。

EONA 证据——所有权、告知和访问

同样，对于其他 3 个 EONA 证据，自动记录保存让证据提交变得简单，同时也让证据无懈可击。

如果商业秘密信息的发起人有记录可查，并且员工签署的商业秘密任务也存储在员工记录中，商业秘密信息的所有权就很容易得到证明。

在离职谈话时，如果向即将离职的员工出示一份计算机生成的他在工作当中接触到的商业秘密的清单，并由人力资源代表及证人签署的离职谈话表均保存在员工记录中，这样就满足了告知要求。

最后，将公司内商业秘密的物理地点、项目地点和组织地点，与员工在雇佣期间工作过的物理地点、承担的项目和报告结构进行比较，这样，对任何商业秘密的访问就可以得到证明。用日期进行比较，如果时间和地点都一样，员工和商业秘密的关系就对上了。

安全管理

安全管理主要集中体现在两个方面：（1）有什么地方存在安全薄弱环节，从而导致商业秘密丧失的风险吗（α 差误）？（2）有什么地方安全措施过于严格，导致成本增加、组织效率和灵活性降低吗（β 差误）？商业秘密的自动化管理就解决这两方面的问题。

商业秘密的自动化管理系统包括，对公司所有的商业秘密进行六要素打分和可靠系数计算，可以将每个商业秘密的安全系数与可靠系数进行比较，以显示出用在商业秘密上的安全措施是否与其在法庭上的可靠性相匹配。同样，该系统也可对公司所有的商业秘密，进行安全系数与经济效益系数的比较，从而显示出用在商业秘密上的安全措施是否与其对公司的经济价值相匹配。

按照主题、类型、产品和位置对匹配度进行二级分析，可以凸显出系统性安全问题，包括公司组织内的安全问题、某类文件处理的安全问题，产品团队的安全问题或者设备安全问题等。

花上几分钟就能对公司所有的商业秘密信息的安全措施进行分析，通过减少 β 差误节约成本，以及通过减少 α 差误减少风险损失，这是商业秘密自动

化管理过程中另一个显著的成果。

散列值：数据验证

原告提交将要在法庭上主张的商业秘密指控清单时，一并提交的还有记录每个商业秘密的商业秘密数据库信息：名称、说明、六要素分析、地点、日期和安全措施。之后，原告如何才能证明这一信息是历史资料，而不是为了追究、惩罚无辜离职员工在最近一段时间才准备的呢（尽管有日期）？商业秘密资产的自动化管理也有利于证明这一过程。

首先，简单介绍一下计算机散列值。计算机散列值是一个字符串，可以通过任何数字输入，由计算机生成。它是一个仅可单向重复的数学处理过程：同样的数据总是生成同样的散列值，但是散列值不能再生成数据。计算机散列值可能看起来像下面这样：

464668D58274A7840E264E8739884247

每个数字都是 0 ~ 9 和 A ~ F 这 16 个值中的一个，每一个代表 4 位字节（0000，0001，0010，0011，0100……）。因此，这 32 个字符的散列值有 128 位字节，称为 128 位散列。128 位散列具有 2^{128} 个值，或者说 3.4×10^{38} 种可能。法院已经认可计算机散列值的这些特性，并且所有法院都不容许挑战这些基本原则。

现在回到商业秘密管理系统。当商业秘密输入系统，或者当商业秘密数据发生改变时，商业秘密自动化管理系统就可以将这些数据生成一个散列值。然后，这个散列值可以提交到记录数值和日期的时间戳权限。就此而言，散列值可以打印在《纽约时报》上，因为，商业秘密数据生成散列值后，是不能从该散列值恢复的。不管以后哪一天，同一商业秘密数据都将生成同一散列值，从而证明存在的日期就是其记录日期，不论是昨天还是 10 年以前。如果商业秘密数据有一个字节或一个字符发生改变，那么散列值就将不能与历史记录的散列值相匹配了。

由于具有 3.4×10^{38} 种可能，任何一个散列值与另一个相匹配的概率是 340 万亿万亿万亿分之一。在 100 万年内，时间戳权限每年能够接收十亿个散列值，它们中任何两个相匹配的概率也是十亿分之一。

员工录入——将商业秘密就地保存

我们已经讨论了商业秘密自动化管理系统的一些优势，但是还有一个更大的优势。我们一直在讨论的这种商业秘密自动化管理系统，它的实施不用移动商业秘密信息，不用把商业秘密信息披露给其他员工，尤其是不用披露给外部人员。不需要访谈员工、引进外部顾问或者将商业秘密信息收集到中心数据库，从而构成自己权利的安全目标。

公司商业秘密的 SFP 分类和六要素信息录入是由已经知晓商业秘密信息的员工，通过公司内网的网页录入。这就是简单易用的商业秘密 SFP 分类和六要素五分制打分如此重要的原因。如果由已经知晓该商业秘密信息的雇员录入该数据，我们就不会通过增加曝光或复制到其他位置来增加该信息的风险。

合理措施

正如第 1 章第 1 段提到的，商业秘密要求商业秘密信息权利人采取合理措施对信息保密。然而，合理措施实际上是我们最终努力的目标。由于商业秘密已经变得越来越复杂，记录商业秘密信息的存储介质也已变得越来越复杂，对商业秘密的威胁也变得越来越复杂，并且安全措施本身也变得越来越复杂，所谓合理的安全措施也变得更加复杂难懂。曾经认为门锁可能就足够的地方，安装了防盗报警器，之后是安全摄像头，再之后的在线安全监控都变得习以为常了。曾经认为计算机密码可能就足够的地方，如今，精心设计的网络防火墙和入侵侦测也司空见惯了。

商业秘密资产管理也是如此。曾经认为公司手工盘存商业秘密可能是最高级的做法，现在那样的日子一去不复返了。随着商业秘密资产管理的自动化成为主流，我们很快就会迎来这样的时刻：不对商业秘密资产进行自动化管理，就说明没有采取合理措施。

小　结

曾认为无法实现的商业秘密资产管理自动化，现在已经成为现实。自动化的好处有：降低成本和增加安全；如果有诉讼必要，依法胜诉的概率更高。关于商业秘密的散列信息创建了不容置疑的历史记录。通过易于理解的分类和打分方法，使得员工录入成为可能，尽管有风险，但将商业秘密就地保存也达到了预期的效果。随着自动化系统变得更容易使用和更容易买到，商业秘密信息所有者可采用的合理措施要求很有可能逐渐包括商业秘密资产自动化管理。

附录 A

商业秘密法及相关法律

附录 A.1

《统一商业秘密法》（1985 年修订版）

第一条　定　义

除非上下文另有解释，本法用语含义如下：

（1）“不正当手段”包括盗窃、贿赂、虚假陈述、违反或引诱违反保密义务，或通过电子或其他手段进行间谍活动。

（2）“侵占”是指：

（i）当事人明知或应知他人商业秘密是通过不正当手段获得，但仍获得该商业秘密；或

（ii）当事人未经权利人明示或默示许可披露、使用他人商业秘密，且

（A）使用不正当手段获得该商业秘密知识；或

（B）在披露、使用时，明知或应知其商业秘密知识是

（Ⅰ）来自或通过利用不正当手段获得该商业秘密的人；

（Ⅱ）在与权利人签订了保密协议或负有限制使用义务情形下获得的；或

（Ⅲ）来自或通过在权利人申请司法救济时违反了应履行的保密义务或限制使用义务的人；或

（C）在其本身工作变动之前，明知或应知有关信息为商业秘密，在工作之时无意或违法获得的。

（3）“当事人”是指自然人、公司、商业信托机构、房地产公司、信托基金公司、合伙人、协会、合资人、政府、政府分支机构或代理机构，或其他法律或商务实体。

（4）“商业秘密”是指如下信息，包括配方、样式、汇编、程序、设备、方法、技术或工艺，且该信息：

（i）具有实际或潜在的独立经济价值，因其不为公众所知悉、不易通过正

当手段获得，且他人通过披露、使用可获得经济价值；以及

（ii）视情形，经采取合理措施进行保密。

第二条　禁令救济

（a）对实际发生或可能发生的侵占情形可采用禁令禁止。当商业秘密不再存在时，法院应根据请求取消禁令；如果因侵占获得了其他方面的商业利益，禁令期限可再次合理延长，以消除该商业利益。

（b）例外情形下，如果使用人已支付合理的使用费，在不超出本应禁止使用的期限内，禁令可规定未来的使用。例外情形包括但不限于：在明知或应知侵占之前，工作发生变动或预想会发生对当事人不利的工作变动，导致禁令有失公平。

（c）适当情形下，法院可发布强制令，同意采取措施保护商业秘密。

第三条　损害赔偿

（a）除非在明知或应知侵占之前，工作发生变动或预想会发生对当事人不利的工作变动，导致损害赔偿有失公平，原告有权取得侵占损害赔偿。损害赔偿可包括侵占造成的实际损失，以及未计入实际损失、因侵占获得的不当得利。替代其他各种损害赔偿计算方法，因侵占产生的损害赔偿，可通过对侵占人未经授权披露、使用商业秘密，而强加承担合理使用费义务来进行计算。

（b）如果存在故意或恶意侵占，法院可责令支付不超过（a）项规定的任意损害赔偿额两倍的惩罚性损害赔偿。

第四条　律师费用

如果（i）恶意提出侵占主张，（ii）恶意提出或抵抗终止禁令的动议，或（iii）存在故意或恶意侵占，法院可责令向胜诉一方支付合理的律师费用。

第五条　保　密

依本法诉讼期间，法院应通过合理手段对声称的商业秘密保密，可包括在证据开示程序时发布保护令、举行秘密听证会、密封诉讼记录以及下令未经法院事先许可任何涉案人员不得披露声称的商业秘密。

第六条　时效限制

自侵占被发现或通过合理注意应被发现之日起 3 年内，侵占诉讼必须提出。为本条的目的，连续侵占案件构成一项诉求。

第七条　对其他法的效力

（a）除（b）项另有规定外，本法取代与之相冲突的本州针对商业秘密侵占提供民事救济的侵权法、损害赔偿法以及其他法的规定。

（b）本法对如下情形不具效力：

（1）合同救济，无论其是否基于侵占商业秘密；

（2）非基于商业秘密侵占的其他民事救济；或

（3）刑事救济，无论其是否基于侵占商业秘密。

第八条　统一适用及解释

本法的适用和解释应贯彻其基本宗旨，与本法主题相关的，各州应统一执行。

第九条　简　称

本法是指统一商业秘密法。

第十条　分别适用性

如果本法特定条款或其适用对特定人或情形无效，该无效不影响其他条款或本法的适用，除无效条款或适用外，其他条款或适用依然有效，鉴于此，本法各条款可分别适用。

第十一条　生效时间

本法于×年×月×日生效，生效日之前发生的侵权行为不适用本法。对于生效日之前开始的连续侵占，本法亦不适用生效日之后发生的相应连续侵占。

附录 A. 2

《侵权法重述》（第 1 版）（1939）的第 757 条注释（b）

商业秘密定义。

商业秘密可包括任何配方、样式、设备或信息汇编，用于公司业务中，并让公司有机会获得不知道或未使用该信息的竞争对手的优势。它可以是化合物配方，材料制造、加工、保存方法，机器或其他设备的样式，或客户名单。与企业的其他秘密信息不同，它并非经营活动中单个或暂时事件的简单信息，而是，例如合同秘密投标的其他款项数目或者特定员工工资，已有或预期的担保投资，或者新政策发布日期或新样式推出日期等。商业秘密是一种在企业经营活动中持续使用的方法或者装置。通常与商品的生产有关，例如，商品生产设备或者配方。然而，也可能与商品销售有关，或者与其他经营活动有关，例如价格清单或目录中确定折扣、回扣或者其他让利的代码，或特殊客户名单，或记账及其他办公管理方法。

秘密性。

商业秘密的要素必须是秘密性。行业公共知识或常识的内容不能作为秘密而据为己有。市售商品本身完全披露的内容不能作为秘密。实际上，商业秘密只有用到特定经营活动中才为人知晓。不是必须只有企业主才有权知道。在未失去保护的情况下，他可以把商业秘密传达给与参与使用的员工。同样，他也可以把商业秘密转告给承诺保密的其他人。其他人也可能依靠自己就知道该秘密，比如，当他们通过独立发明发现了那种工艺或者配方，并且正处于保密状态。虽然如此，秘密性的实质性要素是必须具备的，这样，除非采取不正当手段，想获取信息将是非常困难的。商业秘密是不可能准确定义的。确定某信息是否是某人的商业秘密时，要考虑的一些因素是：

（1）该信息在其业务以外被知晓的程度；

（2）该信息被其员工和参与业务的其他人知晓的程度；

（3）其为该信息采取保密措施的程度；

（4）该信息对其和竞争对手的价值；

（5）开发该信息所耗费的精力、财力；

（6）他人可正当获得或复制该信息的难易程度。

新颖性和现有技术。

商业秘密可以是可申请专利的装置或者方法，但又无需申请专利。它可能是由现有技术能够明显预期的装置或者方法，或者仅仅是一名熟练技工能够实现的机械改进。新颖性和创造性是专利授权条件，但对于商业秘密来说不是必需的。这些要求对专利授权是必要的，因为专利保护防止他人未经许可使用获得专利权的的装置或者方法，即使这是他人完全通过独立研究开发出来的。专利权垄断是对发明人的奖励。但商业秘密的情况却有所不同。它的保护不是基于奖励政策，或者其他鼓励开发保密方法或者装置的政策。商业秘密保护仅仅是防止违反诚信，防止他人以应受谴责的方式获取他人秘密。对于这种有限的保护，就不适合要求那种为获得专利权所必需的新颖性和创造性。然而，商业秘密的本质在于，它是确定适合防备负有本节所规定义务的人的救济类型的重要因素。因此，如果商业秘密包括属于新发明的装置或者方法，那么以不正当手段获得此秘密的人通常被禁止继续使用，并需要核算之前使用所获得的利益。另外，如果该秘密包括一些机械改进，而这些改进是一名好技工在不借助该秘密的情况下也可以作出的改进，则过错方的责任可能仅限于损害赔偿，就不适合采用针对继续使用借助商业秘密才能作出的改进的禁令救济了。

附录 A. 3

《经济间谍法》（1996）

美国法典第 18 节

第 1831 条　经济间谍罪

（a）总则。任何人蓄意侵犯或知晓侵犯行为惠及外国政府、外国机构或外国代理人，仍故意实施下列行为的，包括：

（1）盗窃，或未经许可侵占、取走、带走、隐藏，或者以欺诈、诡计、欺骗手段获取商业秘密；

（2）未经许可复印、备份、绘制草图、画图、拍照、下载、上传、修改、毁坏、影印、仿制、传送、递送、发送、邮寄、通信或传达商业秘密；

（3）明知是盗用，或未经许可挪用、获得或侵占所得，仍接收、购买或占有该商业秘密；

（4）意图实施上述（1）～（3）项任一侵犯行为；或者

（5）与他人共谋实施上述（1）～（4）项任一侵犯行为，其共谋人之一的行为作用于该共谋之目的，

处 50 万美元罚金，或 15 年以下有期徒刑，或二者并处；组织犯罪依第（b）款规定。

（b）组织犯罪。任何组织犯第（a）款罪行，处 1000 万美元以下罚金。

第 1832 条　商业秘密盗窃罪

（a）任何人意图将与州际贸易或对外贸易中生产或存放的产品相关联或包含在产品中的商业秘密转化成除权利人之外的任何其他人的经济利益，并且蓄意侵犯或知晓侵犯行为将损害商业秘密的任一权利人，仍故意实施下列行为的，包括：

（1）盗窃，或未经许可侵占、取走、带走、隐藏，或者以欺诈、诡计、欺骗手段获取商业秘密；

（2）未经许可复印、备份、绘制草图、画图、拍照、下载、上传、修改、毁坏、影印、仿制、传送、递送、发送、邮寄、通信或传达商业秘密；

（3）明知是盗用，或未经许可挪用、获得或侵占所得，仍接收、购买或占有该商业秘密；

（4）意图实施上述（1）～（3）项任一侵犯行为；或者

（5）与他人共谋实施上述（1）~（4）项任一侵犯行为，其共谋人之一的行为作用于该共谋之目的，

处罚金，或10年以下有期徒刑，或二者并处；组织犯罪依第（b）款规定。

（b）组织犯罪。任何组织犯第（a）款罪行，处500万美元以下罚金。

第1833条　例外规定

本章不禁止：

（1）美国政府、州政府实体实施的任何其他合法行为；或者

（2）向对犯罪行为有合法权力的美国政府、州政府或州政府分支机构的任何实体报告涉嫌违法行为。

第1834条　刑事没收

（a）法院对违反本章的犯罪人判处的，除其他判决外，应责令向美国政府清缴下列犯罪财产：

（1）构成或衍生自犯罪人因违法行为直接或间接获得的任何收益的任何财产；以及

（2）如果法院根据酌情权决定，考虑犯罪时使用财产的性质、范围和比例，犯罪人以任何方式、任何部分使用或意图使用以实施或便于实施此类犯罪行为的任何财产。

（b）根据本条可予以没收的财产，其扣押和处置，以及任何有关行政或司法程序，应适用1970年《综合药物滥用预防与控制法》（美国法典第21编第853条）第413节，但其第（d）款和第（f）款不适用于根据本条予以没收。

第1835条　保密令

在根据本章进行的任何起诉或其他程序中，法院应根据联邦刑事与民事诉讼规则、联邦证据规则以及所有其他适用法律的要求，下令并采取必要、适当的其他行动，以保护商业秘密的保密性。美国的中间上诉应取决于地方法院关于授权或指示披露任何商业秘密的决定或命令。

第1836条　禁止侵权的民事诉讼

（a）在民事诉讼中，总检察长可针对违反本条的行为采取适当的禁令救济。

（b）美国地区法院对本款规定的民事诉讼有一审专属管辖权。

第1837条　美国境外的犯罪行为

本章规定亦适用于美国境外发生的行为，如果：

（1）犯罪人为自然人，是美国公民或永久居民的外国人，或者是根据美

国法律、各州或其分支机构的依法成立的组织；或者

（2）在美国犯下促进犯罪的行为。

第 1838 条　与其他法律的适用关系

本章不得解释为抢占或取代美国联邦法、州法、英联邦法、财产法、领土法为商业秘密侵占提供的任何其他民事、刑事救济，或者影响任何政府雇员根据美国法典第 5 编第 552 条（通常称为“信息自由法”）进行的其他合法信息披露。

第 1839 条　定义

本章使用的术语：

（1）“外国机构”是指由外国政府实质上拥有、控制、资助、指挥、管理或支配的任何机构，局、部、处、学院、协会，或者任何法律、商业或业务组织、公司、实体。

（2）“外国的代理人”是指外国政府的任何官员、雇员、授权代理人、公务人员、委任代表或代表。

（3）“商业秘密”是指所有形式和类型的财务、经营、科学、技术、经济或工程信息，包括样式、计划、汇编、程序装置、公式、设计、原型、方法、技术、工艺、流程或编码，无论有形或无形，无论是否或如何以物理、电子、图形、照片或书面形式存储、编译、记录，如果

（A）权利人已采取合理措施对该信息进行保密；并且

（B）该信息未被公众知晓，通过正当手段无法轻易获得，因而具有实际或潜在的独立经济价值。

（4）商业秘密的“权利人”，是指对商业秘密具有法定权利、衡平权利，许可使用权利的的人或实体。

附录 A. 4

《商业秘密保护法》(2016)

本书印刷时，商业秘密保护法正在两院投票表决。下面是参议院的议案。

S. 1890

修改美国法典第 18 编第 90 章，为商业秘密盗用及其他目的提供联邦管辖权。

美国参议院

2015 年 7 月 29 日

哈奇先生（对他本人，库恩先生，弗莱克先生，德宾先生，蒂利斯先生，鲍德温女士，布卢门塔尔先生，里施先生，克拉波先生，布朗特先生，艾奥特女士，柯克先生，科洛布查尔女士，佩尔托先生，赛辛斯先生，墨菲先生，麦卡斯基尔夫人，弗兰肯先生，金先生，威克先生，柯林斯夫人，菲舍尔夫人，海勒先生，希罗诺女士，费恩斯坦先生，怀特豪斯先生，格拉汉姆先生和曼奇先生）介绍以下法案，此法案经过两次研究讨论，并提交司法委员会。

2016 年 1 月 28 日

修正案报告人：格拉斯利先生

法案

修改美国法典第 18 编第 90 章，为盗窃商业秘密提供联邦管辖权以及其他目的。

美国参议院和众议院会议在国会制定。

第 1 节　简称

本法称为“2016 年商业秘密保护法”

第 2 节　商业秘密盗窃的联邦管辖权

（a）总则。删除美国法典第 18 编第 1836 条（b）款，增加以下内容：

（b）私人民事诉讼

（1）总则。如果商业秘密与在州际贸易或者国外贸易中使用或者意图使用的产品或者服务有关，则被窃取商业秘密的权利人可以根据本款提起民事诉讼。

（2）民事查封令。

（A）总则

（i）申请。根据符合本段要求的誓章或经核实的申诉，法院仅可在特定情况下，可基于单方申请发布命令，要求查封财产，以防止涉案商业秘密扩散或传播。

（ii）发布民事扣押令的条件。法院不得根据第（i）款批准申请，除非法院查明有如下特定情形，否则可拒绝申请；

（Ⅰ）根据联邦民事程序第 65 条或者其他形式的衡平救济发布的命令不足以实现本款的目的，因为被令一方可能逃避、规避或者以其他方式不遵守该查封令；

（Ⅱ）如果不发布该查封令，则会立刻造成不可挽回的损失；

（Ⅲ）拒绝申请对申请人的损害超过批准申请对被令查封一方的合法利益的损害，并且大大超过可能由于查封而遭受损害的第三方的损害；

（Ⅳ）申请人应证明：

（aa）该信息是商业秘密；并且

（bb）被令查封的一方

（AA）通过不正当手段侵占申请人的商业秘密；或者

（BB）共谋采用不正当手段侵占申请人的商业秘密；

（Ⅴ）被令查封的一方实际占有

（aa）商业秘密；以及

（bb）待查封的财产；

（Ⅵ）该申请以合理的细节描述待查封物品，并且根据情况合理地确认待查封物品的地点；

（Ⅶ）如果申请人事先通知被令查封的一方，后提起诉讼，而被查封方或与该方有关的一方将毁灭、移动、隐藏或者以其他方式使该等物品无法进入法院；以及

（Ⅷ）申请人没有公开查封请求。

（B）查封令的组成。如果根据（A）款发布查封令，则应

（i）列出查封令所需的事实调查结果和法律结论；

（ii）规定实现本款目的所必需的最少查封财产，指示查封应以尽量减少干扰第三方经营活动的方式进行，并且尽可能不妨碍被控侵占商业秘密一方的合法经营活动；

（iii）（Ⅰ）同时发布一项保护被查封财产免受披露的命令，禁止申请人或者命令所针对的一方进入，并禁止复制全部或部分被查封财产，以防止对被命令一方或者其他方的不当损害，直到这些当事人有机会在法院进行陈述为止；以及

（Ⅱ）规定如果法院给予申请人或者命令所针对的一方准入，则该准入须

符合第（D）款规定；

（iv）向执行查封的执法人员提供指导，明确界定执法人员的权力范围，包括

（Ⅰ）可以执行查封的时间；以及

（Ⅱ）是否可以使用强制力来进入锁定区域；

（v）在第一时间设定第（F）款所述的听证日期，并不得迟于查封令发出后7天，除非查封令所针对的一方及因查封令受损的其他方同意其他听证日期，但在获得查封令的申请人得到通知后，查封令所针对的一方及因查封令受损的任何一方让法院收回或者修改查封令的除外；以及

（vi）要求得到查封令的一方提供由法院确定的担保，以确保在依据本款不当或过度查封或者不当或过度未遂查封时，足以支付有权获得损害赔偿的一方。

（C）防止公开。法院应采取适当行动，保护依据本款的查封令所针对的一方免于公开该查封令以及根据该查封令的查封物，不论是由得到查封令的一方公开还是根据其指示而公开。

（D）法院监护材料。

（i）总则。根据本款查封的任何材料应交由法院保管。在查封期间和在法院保管期间，法院应确保查封材料不受物理和电子访问。

（ii）存储介质。如果查封材料包括存储介质，或者如果查封材料存储在存储介质上，在未经双方同意的情况下，法院应禁止该介质连接到网络或互联网，直到根据（B）（v）项要求和第（F）款规定的听证开始。

（iii）保密。法院应采取适当措施，保护与根据本款下令查封的商业秘密信息无关的查封材料的秘密性，除非被令查封一方同意公开此材料。

（iv）特别主管指定。法院可以任命一名特别主管来查找和隔离所有被侵占的商业秘密信息，并促使无关财产和数据返还给被查封财产的一方。由法院任命的特别主管应同意遵守由法院批准的保密协议。

（E）查封令的服务。法院应下令，依据本款的查封令副本的服务以及申请人获得查封令的提交，应该由联邦法执法人员完成，而联邦法执法人员在服务时应按照查封令进行查封。法院可允许州或者地方执法人员参与，但不得允许申请人或者申请人的任何代理人参与查封。应执法人员要求，如果法院确定专家参与查封将有助于有效执行查封并能尽量减少查封负担，法院可允许与申请人无关并遵守法院批准的保密协议的技术专家参与查封。

（F）查封听证。

（i）日期。发布查封令的法院应在法院依据（B）（v）项规定的日期进行

听证。

（ii）举证责任。在依据本款规定举行的听证会上，得到根据第（A）款所下查封令的一方有责任证明支持查封令所必要的事实调查结果和法律结论的事实。如果当事人不能履行这一责任，应当适当解除或修改查封令。

（iii）解除或修改查封令。在获得查封令的一方得到通知后，被令查封的一方或者因查封令受损的一方可在任何时候请求法院解除或者修改查封令。

（iv）调查时限。必要情形下，法院可依据联邦民事诉讼规则发布命令修改调查时限，以防止依据本款规定的听证未达到目的。

（G）不当查封造成损害的诉讼。根据本款，因不当或者过度查封而遭受损害的一方有理由对申请查封令的一方提起诉讼，并有权享有根据1946年商标法第34（d）（11）条（美国法典第15编第1116（d）（11）条规定的同样救济。法院根据（B）（vi）项发布的担保不得限制第三方追讨损害赔偿。

（H）加密动议。主张与查封标的有利益关系的一方或者人可在任何时间提出动议，可以是单方听证，请求对根据本款查封或者待查封的、存储在存储介质上的任何材料进行加密。可能的情形下，这一动议可包括所需要的加密方法。

（3）救济。在根据本小节提起的关于商业秘密侵占的民事诉讼中，法院可以

（A）颁发禁令。

（i）根据法院认为合理的条款防止第（1）款所述的任何实际或者潜在侵占，但该禁令不得

（Ⅰ）阻止某人进入雇佣关系，并且对这种雇佣的条件应以潜在侵占的证据为基础，而不仅基于该人知晓的信息；或者

（Ⅱ）与使用的国家法律冲突，禁止对合法职业、贸易或者商业实践施加限制；

（ii）如果法院认为适当，则要求采取积极行动来保护商业秘密；以及

（iii）在使禁令有失公平的例外情况下，规定在支付合理的许可使用费后，未来使用商业秘密的时间不超过本应被禁止使用的时间；

（B）判定。

（i）（Ⅰ）因商业秘密侵占造成的实际损害赔偿；以及

（Ⅱ）对于由商业秘密侵占导致的任何不当获利而在计算实际损害赔偿时未考虑的损害赔偿；或者

（ii）代替其他方法计算的损害赔偿，对于侵占者未经授权披露、使用商业秘密的合理许可使用费，通过施加责任计算因侵占而导致的损害赔偿；

（C）如果故意、恶意侵占商业秘密，则判处惩罚性损害赔偿，不超过第

（B）款所判定的损害赔偿的2倍；以及

（D）如果有旁证证明侵占请求为恶意，或者提出或反对终止禁令的动议为恶意，或者故意、恶意侵犯商业秘密，判处为胜诉方支付合理律师费。

（c）管辖权。美国地区法院应对根据本条提起的民事诉讼有原始管辖权。

（d）时效。根据第（b）款提起的民事诉讼不得在发现或者尽合理的注意义务应当发现商业秘密侵占之日起3年后提起。为本款的目的，连续侵占构成一项诉求。

（b）定义。美国法典第18编第1839节修改如下

（1）第（3）款

（A）在第（B）项中，删除“公众”，增加“能够通过披露、使用信息获得经济价值的另一方”；以及

（B）在结尾删除“以及”；

（2）第（4）款，结尾删除句号，增加分号；以及

（3）在结尾增加如下内容：

（4）“侵占”是指

（A）当事人明知或应知他人商业秘密是使用不正当手段获得，仍获得该商业秘密；或

（B）当事人未经明示或默示许可，披露、使用他人商业秘密，且

（i）使用不正当手段获得该商业秘密知识；

（ii）在披露、使用时，明知或应知该商业秘密知识是

（Ⅰ）来自或通过使用不正当手段获得该商业秘密的人；

（Ⅱ）在产生商业秘密保密义务或限制使用义务情况下获得的；或

（Ⅲ）来自或通过对申请司法救济的权利人负有商业秘密保密义务或商业秘密限制使用义务的人；或

（iii）在当事人工作变动之前，明知或应知

（Ⅰ）该商业秘密确为商业秘密；并且

（Ⅱ）该商业秘密知识是无意或违法获得的；

（5）“不正当手段”

（A）包括盗窃、贿赂、虚假陈述、违反或引诱违反保密义务，或通过电子及其他手段进行间谍活动；以及

（B）不包括反向工程、独立开发或者任何其他合法获得方式；以及

（6）“1946年商标法”是指“为在商业中使用的商标提供注册和保护，执行某些国际公约的规定以及为了其他目的，于1946年7月5日批准的法案（参照美国法典第15编第1051节及以下）（通常称为‘1946年商标法’或者

‘兰哈姆法案’）”。

（c）例外规定。美国法典第 18 编第 1833 节在第（1）款之前的款项中，在“禁止”之后修改加入“或创设私人诉讼权”。

（d）一致性修改。

美国法典第 18 编第 1836 节开头修改如下：

“第 1836 节 民事程序”

（2）对美国法典第 18 编第 90 章的表格进行修改，删除有关第 1836 节的项目，加入以下内容：

“第 1836 节 民事程序”。

（e）生效日期。本节所作的修订，适用于本法颁布日或之后发生的任何商业秘密侵占行为（经本节修订的美国法典第 18 编第 1839 节所限定）。

（f）解释规则。本节所作的修订，不得解释为修改美国法典第 18 编第 1838 节所订的解释规则，或代替其他法律规定。

（g）对其他法律的适用。本节及本节所作的修订不得解释为与任何其他国会法案有关的知识产权法律。

第 3 节　商业秘密盗窃执法

（a）总则。美国法典第 18 编第 90 章修改为

（1）在第 1832（b）节中，删除“＄5000000”，加入“＄5000000 以上或者对于组织而言 3 倍的被盗商业秘密价值，包括研发设计费用，及组织为避免复制该商业秘密的其他费用”；以及

（2）在第 1835 节中

删除“在任何起诉中”，加入以下内容：

“（a）总则。在任何起诉中”；以及

（B）在结尾增加以下内容：

“（b）商业秘密权利人的权利。法院不得授权或指示披露权利人声称为商业秘密的任何信息，除非法院允许权利人有机会提交描述权利人信息保密利益的密封文件。根据本小节提交的密封文件不得为了本节规定或法律要求之外的任何其他目的在本章规定的起诉中使用。根据本章向美国政府或法院提交与商业秘密有关的信息，不构成对商业秘密保护的放弃，以及披露与本章规定的起诉相关联的商业秘密有关信息，不构成对商业秘密保护的放弃，除非商业秘密权利人明确同意放弃。”

（b）RICO 上游犯罪。美国法典第 18 编第 1961（1）节在“第 1951 节”之前修改加入“第 1831 节和第 1832 节（关于经济间谍和商业秘密盗窃）”。

第 4 节　关于境外商业秘密盗窃的报告

（a）定义。在本节中：

（1）主管。“主管”是指主管知识产权的商务部副部长和美国专利商标局局长。

（2）外国机构等。“外国机构”“外国代理人”和“商业秘密”的含义参见美国法典第18编第1839节的术语含义。

（3）州。“州”包括美国的哥伦比亚特区以及任何联邦、领土或者美国属地。

（4）美国公司。“美国公司”是指根据美国法律、州或政治分区的法律建立的组织。

（b）报告。自本法颁布之日起不超过1年，此后每两年一次，总检察长应与知识产权执法协调员、主管以及其他适当机构的负责人协商，向众议院和参议院的司法委员会提交报告，在司法部网站上公布，并通过总检察长可能指定的其他方式向公众传播，报告包括：

（1）美国公司的商业秘密在美国境外发生盗窃的范围和程度。

（2）经外国政府、外国机构或者外国代理人资助，商业秘密在美国境外发生盗窃的程度。

（3）在美国境外发生商业秘密盗窃所构成的威胁。

（4）商业秘密权利人防止商业秘密在美国境外被盗用、对外国实体盗窃商业秘密执行判决以及防止基于商业秘密盗窃而出口海外的能力和局限性。

（5）美国贸易伙伴的每个国家向美国公司提供商业秘密保护的细目，以及在每个国家提供并实施的执法力度，包括列出对美国公司而言，该国的商业秘密盗窃、法律或执法对于美国公司而言存在重大问题的具体国家清单。

（6）联邦政府机构与外国合作，调查、逮捕、起诉涉嫌在美国境外盗窃商业秘密的法律实体或个人的详细情况。

（7）在贸易协定和条约下取得的具体进展，包括外国颁布的任何新救济措施，以防止美国公司的商业秘密在美国境外被盗用。

（8）立法和行政机构可能采取的行动建议，以便

（A）降低美国公司的商业秘密在境外发生盗窃所造成的威胁和经济影响；

（B）教育商业秘密出境时存在威胁的美国公司；

（C）向美国公司提供援助，以减少商业秘密出境时的风险损失；

（D）为美国公司提供机制，以保密方式或匿名方式报告在美国境外发生的商业秘密盗窃情况。

第5节　国会共识

国会意见如下：

（1）商业秘密盗窃发生在美国和世界各地；

（2）无论在何地发生，商业秘密盗窃危害拥有商业秘密的公司及公司员工的利益；

（3）美国法典第18编第90章（通常称为“1996年经济间谍法”）广泛适用于保护商业秘密免于盗窃；并且

（4）重要的是，在收集信息时，需平衡防止或补救盗用与满足如下情形二者之间的需求：

（A）避免妨碍第三方的经营活动；以及

（B）避免妨碍被控侵权的当事人的合法利益。

第6节　最佳做法

（a）总则。在本法颁布之日起2年内，联邦司法中心应利用现有资源，制定最佳建议做法，包括：

（1）信息及信息存储介质的获取；以及

（2）信息和存储介质获取后的安全保密工作。

（b）更新。联邦司法中心应时时更新根据第（a）款制定的最佳建议做法。

（c）提交国会。联邦司法中心应将根据第（a）款制定的最佳建议做法副本及根据第（b）款制定的更新版本提交给

（1）参议院司法会员会，以及

（2）众议院司法会员会。

第7节　以保密方式向政府或法院披露商业秘密的免责条款

（a）修订。美国法典第18编第1833节修订如下：

（1）删除“本章”，加入“（a）总则。本章”；

（2）在第（1）款指定的（a）条第（2）款中，删除“向美国政府、各州政府、或州政府分支机构等实体报告涉嫌违法行为，如果该实体对违反行为具有合法权限”，加入“根据第（b）款披露商业秘密”；并且

（3）在结尾加入以下内容：

（b）以保密方式向政府或法院披露商业秘密的免责条款

（1）豁免。根据联邦或州商业秘密法，任何人对如下商业秘密披露行为无需承担承担刑事或者民事责任

（A）商业秘密披露系：

（i）以保密方式直接或间接地向联邦、州、地方政府官员或律师披露；且

（ii）仅用于报告、调查涉嫌违法的目的；或者

（B）系在诉讼或其他法律程序中提交的诉状或其他法律文书中披露的，如果该提交是以密封方式提出。

（2）在反向诉讼中使用商业秘密信息。当事人为举报雇主涉嫌违法报复而提起的诉讼中，可以向其律师披露商业秘密，并在庭审过程中使用商业秘密信息，只要当事人系

（A）以密封方式提交包含商业秘密的文件；且

（B）不披露商业秘密，除非根据法院命令。

（3）告知。

（A）总则。雇主应在规定使用商业秘密或其他保密信息的合同或协议中提供本款规定的免责告知。

（B）政策文件。如果雇主向雇员提供了政策文件的交叉参考，其中规定了雇主对涉嫌违法行为的举报政策，则雇主应被视为符合（A）项中的告知要求。

（C）非合规行为。如果雇主不遵守（A）项的通知规定，则在对未被告知的雇员提起的诉讼中，雇主不得根据第1836节第（b）（3）条（C）项和（D）项获得惩罚性损害赔偿或律师费。

（D）适用范围。本款规定适用于在本款生效日之后签订或更新的合同和协议。

（4）雇员定义。本款中的“雇员”包括所有作为雇主的承包商或顾问进行工作的个人。

（5）解释规则。除非本款明文规定，否则本款中的任何内容不得解释为授权法律禁止的行为，或减轻相应的法律义务，例如以未经授权的方式非法获取资料的行为。”

（b）技术和一致性修订。美国法典第18编第1838节修订删除“本章”，并加入“除本章第1833（b）节规定的以外”。

附录 B

商业秘密重要案例

附录 B.1

本案为美国首例商业秘密案，也是商业秘密的立法案例。

案件名：John Vickery v. Jonas Welch 案

判决法院：马萨诸塞州诺福克高级法院

案卷编号：36 Mass. 523；1837 Mass. LEXIS 124；19Pick. 523

判决时间：1837 年 10 月

审理过程：[* *1]❶ 本案涉及一宗基于 1836 年 8 月 11 日订立契约的债务诉讼。审理法官为 Morton J.

契约（bond）的条件是，被告应当依原告要求，在 1836 年 9 月 1 日之前（含当日）将位于布雷茵特里、户名为 Welch 巧克力磨坊的指定房屋及用水权让与原告，“一并转让的还包括被告的巧克力制作专有权和工艺或者秘密方法，以及所有与其所述巧克力制作方法相关的信息，包括所有可移动的家具、设备和器具，连同使用被告目前仍继续使用的平底锅的使用权，并要提供妥善的保修，免除全部产权负担，”原告已向被告支付第一笔购置款或保证金，即契约转让金 2000 美元，按契约规定分 8 年每年支付 7500 美元。

契约执行之后，其他 3 人同意同原告一起合伙购买。原告和被告口头同意，将产权转让于原告及其合伙人。[* *2] 9 月 1 日，原告及其合伙人和被告为履行契约中规定的合同而在波士顿召集开会。当按时支付给被告一笔作为购置款项保证金的 2000 美元投标款后，原告向被告提出按照条件约定进行给付。之后被告向原告及其合伙人交付了应付被告的工厂、机械装置、工具和固定装置，并且原告还要求其给付契约规定的对巧克力制作的专有权或工艺。对此，被告拒绝接受，不过他表示会传授巧克力制作的秘密方法以及他所知道的所有技术，但并不约束自己不再向他人传授；同时声明，他并没有排他专利或

---

❶ [* * ×] 为原判决书页码。——编辑注

权利，并且这一点是原告签约时就知道的。此后，被告返回他在布雷茵特里的家。当天下午，原告来到被告的家，再次正式向他提出已在波士顿偿付的2000美元的投标款和保证金，之前已通知被告，原告的合伙人已拒绝［＊＊3］进一步参与购买，同时也要求被告按照契约的条件单独交付给原告。原告提出要书面给付，或者等被告在第二天上午之前写完该书面给付书。被告则拒绝提供除了在波士顿支付之外的任何其他被告的房产。被告再次交付并立约如下：“告众人知，本人，Jonas Welch，家住布雷茵特里，出于本人与John Vickery两人之间履行合同的考虑，为遵守合同，保证将本人制造巧克力的专有权和工艺或秘密方法转让给Vickery方，即其代表人和转让人；然而，在此声明，除通过本人的技能和经验获得的权利或工艺之外，本人并不拥有专利或其他专有权或工艺，并且从未宣称或声称过任何其他专有权或工艺；同时，本人从未，也没有默示契约不会将本人的经验传授给他人。”他说，他没有其他可提供的了，并且他是按照律师的建议做的。这似乎意味着［＊＊4］有另外两人或三人知晓被告制造巧克力的秘密工艺，但是被告已经对他们立誓或立约不会泄露秘密，同时他会继续在制作过程中使用。

经当事人同意，该诉讼理由被陪审团撤销。如果基于上述事实，整个法庭认为，契约约定的条件被证明违约了，被告对此有责，则法院将判其未履行责任，并且将就损害赔偿进行听审。

裁决：契约因被告而丧失权利，且被告应在衡平法院就损害赔偿接受听审。

判决提要：根据债务人保证向债权人转让巧克力磨坊的契约，“一并转让的还包括被告拥有的巧克力制作的专有权和工艺或者秘密方法，以及所有与被告所说的巧克力制作方法相关的信息”，此为债务人转让这种专有权利的义务，并且被告应向债权人传授所有必要的信息，以使债权人能够使用这些权利或秘密工艺，同时被告不应再向任何其他人泄露秘密。

律师：这种合同不属于贸易限制。

Choate、Crowninshield和Breck为原告争辩说，合同的含义是：原告应当拥有被告制作巧克力所用模式的专有利益；被告应当立过契约将其秘密工艺传授给原告，并且不向任何其他人泄露秘密；并且，至少他应该按照契约字面之意履行约定（Hopkins v. Young, 11 Mass. 302；Propert v. Parker, 3 Mylne & Keen, 280；Browning v. Wright, 2 Bos. & Pul. 22）。至于未申请专利的工艺秘密，，他们参考了［＊＊5］Phillips on Patents, 333, 340；Smith v. Dickenson, 3 Bos. & Pul. 630.

被告律师Richardson和Leland认为，契约中转让的字面意思并不利于原告；被告同意将秘密传授给他，并且也主动给了他，但是被告并不曾约定不会将秘密泄露给他人；同时，这种约定本应也是无效的，因为属于贸易限制。参见 Com. Dig. Trade，D 3；2 Wms's Saund. 156，note 1；Mitchel v. Reynolds，1 P. Wms. 183；Davis v. Mason 5 T. R. 118；Prugnell v. Goss，Aleyn，67；Alger v. Thacher，ante，p. 51。

对此，Metcalf 回应说，这些秘密不属于贸易限制的原则范围，所引要点来自 Bryson v. Whitehead，1 Sim. & Stuart，74［Bryson V. Whitehead，Sim. & Stuart 汇编第 1 卷第 74 页］。

法官意见：Putnam 法官发表了法庭意见。

意见发表人：Putnam 法官

具体意见：

［＊525］Putnam 法官发表法院意见。被告辩称他已经履约或者已允诺履行契约条件中对他的所有要求；另外，原告否认被告已履约或允诺履约。两者争议的解决取决于确定契约的真实意图或含义。

很显然，双方当事人都提到被告制作巧克力的专有权和秘密工艺，并且该工艺本将连同巧克力磨坊兼公司一起转让给原告。必须考虑的是，该（秘密工艺的）转让在原告约定的财产转让的对价或价值中占据很大部分。被告原是将其制作巧克力的秘密方式转让给原告独家使用。双方当事人都认为，被告已经在使用这种专有工艺，并且在巧克力制造方面为他带来巨大利益。原告本来要成为磨坊的所有人，也会成为契约所设定的被告使用并拥有的秘密制造模式的所有人。被告打算出售，原告也打算购买。目前，本庭无法设想出，在出售之后，至少有怎样的理由会让被告合法对所出售财产或权利提出各种权利限制，也不能有任何权利将应该转让给原告的任一部分转让给陌生人。专有权本应该转让给原告，［＊＊7］如果被告在转让之后，可能许可尽可能多的参与者有偿或无偿接受被告业已授权或承诺授权的同样的特权，这样的话，本庭无法设想其会是专有权。

在转让房产权的契据中，如果同样情形的转让适当的话，这种权利的授予也不存在任何困难。在说完房产权之后，如果以契约条件的形式增加如下约定的话，该契约应该会更加充分，即，“一同转让的还包括授权人制作巧克力的专有权和工艺或秘密方式，以及所有与被告所说的巧克力制作方式相关的所有信息”，为进一步保证转让（也是契约必然暗含的），应将所有这些必要信息传授给原告，以使其能够专门拥有、使用和享有该专有权或秘密工艺，随后，原告就应该专门拥有、使用和享有与之相同的专有权或秘密工艺，无论如何都不允许任何人在法律上进行干涉。

该秘密本来就不应该在转让过程中任意扩散，包括不应将其放在县里的［＊＊8］政府档案里。众所周知，这种行为会导致权利转让无效。双方当事人都知道，被告并无授权专利。双方交涉的是专有秘密，如果把这一秘密详细记录在案，秘密也就无法保住。

但是，用一般和适宜的文字，把制作工艺用契约方式记载下来，并将所有必要的能够确保原告利用该权利的信息都给予原告从而使原告确信该权利［＊527］并不困难；同时，应该以秘密的方式向原告提供指导和信息，以使其可以保留该权利，并且可以保守秘密，只供自己独自专享。

但是被告拒绝这样做。他提供的指导是使其能无偿或有偿地将此秘密传授给所有其他人；本庭认为，这种指导与被告向原告约定的义务完全不一致，并且被告拒绝按照契约条件的真实意图和内涵保证原告的权利，尽管原告已经根据此次财产转让的先决条件赋予其的责任全面履行了约定［＊＊9］。

被告辩称，因为属于贸易限制，所以该义务不存在。但本庭并不认为该案应归入此法律范畴。引用 Bryson v. Whitebead，1 Sim. & Stu. 74［Bryson v. Whitebead，Sim. & Stu. 汇编第 1 卷第 74 页］。被告声称按秘密工艺进行操作，将其转让给原告并不侵犯公众利益。只要该工艺有价值，被告就会使用该工艺并进行保密，究竟是原告使用还是被告使用，对公众而言并不重要。

本庭的意见还包括，被告在位于布雷茵特里的家中拒绝向原告本人进行给付的行为构成了违约。原告与其合伙人之间达成的口头协议不会影响到被告改变对原告的契约责任，由于被告拒绝保证原告及其合伙人的权利，因此，他们可放弃此购买计划。

本庭的全部意见就是，被告业已放弃契约，并可能在法院诉讼中进行损害赔偿庭审［＊＊10］。

附录 B. 2

未采取合理措施维持信息保密导致信息中的商业秘密权利丧失。

案件名：Omega Optical, Inc. v. Chroma Technology Corporation, Richard Stewart 等

编号：No. 99 - 566

判决法院：佛蒙特高级法院

案卷编号：174 Vt. 10；800 A. 2d 1064；2002 Vt. LEXIS 58

归档日期：2002 年 4 月 12 日

后续过程：[* * *1] 2002 年 7 月 1 日改判，2002 年 5 月 10 驳回再次辩论的动议。

审理过程：来自温德姆高级法院 Robert Grussing Ⅲ 法官宣判案件的上诉案件。

裁决：维持原判

律师：

原告—上诉人：蒙彼利埃 Zalinger Cameron & Lambek，P. C. 的 Bernard D. Lambek 和 Patricia K. Turley，伊利诺伊州芝加哥 Welsh & Katz 有限公司的 R. Mark Halligan，Segrest，Jr. 和 Steven E. Feldman。

被告—被上诉人：伯灵顿 Gravel & Shea 的 Weatherly，布拉特尔伯勒 Weber，Perra & Munzing，P. C. 的 Richard H. Munzing，马萨诸塞州波士顿 Fish & Richardson P. C. 的 Heidi E. Harvey，Blair L. Perry，Jolynn M. Lussier 和 Michael E. Zelinger。

法官：

初级法官 Dooley，Morse，Johnson 和 Skoglund，以及特别指定的首席法官 Allen（Ret.）。

意见发表人：Morse

法院意见：[* *1065] [*12]

Morse 法官宣判：针对 Omega 提出的侵犯商业秘密、非法侵占、违反忠实义务、侵权干扰业务关系、不正当竞争、密谋、违约的诉讼案，Omega 对高级法院作出有利于被告 Chroma 公司及其他几名被告的判决提起上诉。Omega 在上诉时诉称：[* * *2]（1）法院在确定证实侵犯商业秘密的必要证据方面判决错误，应对这一请求按法律事项作出判决；（2）除了违约和非法侵占之外，法院对其余各请求的判决同样出现错误，应作出有利于这些请求的判决；

(3) 法院断定Omega损害赔偿证据不够明确，此为误判，以至于没有进行推测或揣度就考虑作出裁决；(4) Omega有权得到按法律事项作出的惩罚性损害赔偿裁决；以及 (5) 法院未能按照Omega的意见就各被告证词的可信度作出适当的裁决，也未形成共同辩护协议，破坏了证词可信度的被请求裁决。本庭维持原判决。

本案起因于1991年初那几个月发生的事情，Omega的几名雇员离职，并共同开办了Chroma公司。Chroma开始制造用于荧光显微术中的薄膜光学干扰滤光片，[* * *3] 而该产品为Omega所研发并且仍在生产。1996年10月1日，Omega [* *1066] 将Chroma及其10名雇员告上法庭。经过22日法官审判程序之后，初审法院针对Omega的所有诉求作出长达111页的判决，所有判决结果均有利于被告。

Omega上诉的中心诉求是：由于被告获得了大量的法庭判决“可按商业秘密保护”的信息，尽管初审法院作出的初步判决是Omega未对这些信息采取合理步骤进行保护，其仍应作为法律问题进行裁决。[*13] 法院依据被告对这些信息没有保密义务的证据作出判决。

首先，如Omega所指出，由于本案的生效事实发生在1996年7月1日之前，即佛蒙特洲商业秘密法案生效日之前，本案适用该法案之前的普通法。参见9 V. S. A. § 4609 (VTSA在生效之前不适用于侵犯事件)；同样可参见McClary v. Hubbard, 97 Vt. 222, 229, 122 A. 469, 473 (1923) (识别 [* * *4] 商业秘密侵占行为的权利)。但是，如初审法院所指，该法案和《反不正当竞争法重述》(第3版) 为Omega主张的商业秘密侵犯行为的普通法权利提供了指引。

一般而言，雇佣条文中商业秘密侵犯行为的责任需要同时证明商业秘密的存在以及非授权公开或者违反保密义务对商业秘密的使用。引用Aries Info. Sys., Inc. v. Pacific Mgmt. Sys. Corp., 366 N. W. 2d 366, 368 (Minn. Ct. App. 1985)；同样引用《反不正当竞争法重述》(第3版) § § 40, 42 (1995)。对于雇员而言，无论是现雇员还是前雇员，均有义务不使用或者不公开雇主传授的保密信息。引用代理重述 (第2版) § 396 (b) (1958)；同样引用《反不正当竞争法重述》(第3版) § §42 cmt. b (前雇主的忠实义务包括不向他人公开雇主的保密信息)。前雇员的保密义务适用于雇员知道或有理由知道属于秘密的任何信息。引用《反不正当竞争法重述》(第3版) § 42 cmt. c；同样引用A. F. A. Tours, Inc. v. Whitchurch, 937 F. 2d 82, 89 [* * *5] (雇主必须采取适当的预防措施警告雇员需要对受商业秘密保护的信息保密)；引用Mercer v. C. A. Roberts Co., 570 F. 2d 1232, 1238 (雇主保密协议适用于雇员基于特定条件知道或应当知道雇主希望信息处于保密状态）；引用 Aries Info. Sys.，366 N. W. 2d at 369（如果雇员被告知哪些资料需保密，则可产生雇主/雇员的普通法保密义务。）；引用 Electro - Craft Corp. v. Controlled Motion，Inc.，332 N. W. 2d 890，903（Minn. 1983）（[A] 雇员与雇主之间的普通法保密义务仅针对雇主视为秘密的信息。）无论雇员知道还是应当知道从雇主处获得的某些信息属于保密信息均可完全适用该特定条件 [*14]；不必要求对雇员有明确告知。引用 In re Innovative Constr. Sys.，Inc.，793 F. 2d 875，883（7th Cir. 1986）；Standard Brands，Inc. v. Zumpe，264 F. Supp. 254，262（E. D. La. 1967）；[* * *6] Sun Dial Corp. v. Rideout，29 N. J. Super. 361，102 A. 2d 90，96（N. J. Super. Ct. App. Div. 1954）；同样引用《反不正当竞争法重述》（第 3 版）§ 42 cmt. C（如果雇主拥有商业秘密所有权 [* *1067] 并且其环境足以让雇员注意到信息的保密性，雇佣关系通常可证明保密义务的合法性。）——此为事实有关的调查。

然而，Omega 诉称，在雇佣期间获得有价值信息的雇员仅仅依据他们是雇员这一点就应对雇主负有保密义务，无论雇主是否采取任何措施来保护这些信息或者与雇员交流这些信息的机密性和专有性。该主张只是与案例法观点不一致，后者要求其他一些条件，而不是仅靠雇主—雇员关系便可以建立起保密义务。引用，例如 Mercer，570 F. 2d at 1238（注意："并非所有的雇佣关系都是保密的"，并明确：尽管雇员获得了雇主业务操作的秘密知识 [* * *7]，他也并不负有保密义务，因为不曾被告知该信息属于秘密信息，并且在此情况下，可合理假定其并非保密信息）；See Aries Info. Sys.，366 N. W. 2d at 369，See also Electro - Craft Corp. v. Controlled Motion，Inc.，332 N. W. 2d at 903。如上所述，是否有保密义务属于事实调查。此外，本法院在 McClary V. Hubbard 案的判决中已明确，主张商业秘密的一方必须陈述其已采取措施确保该信息的保密性，以抗辩商业秘密侵犯的主张。（See McClary，97 Vt. at 232 - 233，245，122 A. at 473，479）。

分析本案事实，初审法院对于 Omega 主张商业秘密侵犯依据重述的方式进行了判定。即法院判定，制造薄膜干扰滤光片必要的主体知识是"有足够价值，不为公众所知，完全可以按商业秘密保护的"。然而，与 McClary 的观点一致，[*15] 法院继续判定 Omega 未采取措施保护信息，[* * *8] 并且雇员获得信息所处的环境并不能向他们表明这些信息属于保密信息。因此，被告对 Omega 不负有保密义务，并且他们在新企业适用这些有价值的信息不构成对这些信息的侵犯行为。

尽管判决结果类似，但 VTSA 和重述法案所采取的主张商业秘密侵犯的分析方法略有不同。如本庭在引用 Dicks v. Jensen，172 Vt. 43，768 A. 2d 1279，1282（2001）案中所指出的一样，VTSA 认为“商业秘密”的定义包含应该采取合理措施保持信息的秘密性这一要求（See 9 V. S. A. § 4601（3）（B））。如果未采取这样的措施，这种信息就不属于“商业秘密”。反之，重述法案对于商业秘密的定义则不包含这一要求（引用《反不正当竞争法重述》（第 3 版）§ 39）。相反地，其定义只是与法规定义的第一部分相同（具体对照 9 V. S. A. § 4601（3）（A））。根据重述法案，如果信息是在商业运作中使用并具有价值，同时又足够秘密，即未广泛为公众所知，且在商业上带来了经济利益，则该信息属于“商业秘密”（引用《反不正当竞争法重述》（第 3 版）§ 39）。值得注意的是，重述法案定义的“秘密”要素仅针对该信息是否给雇主带来任何竞争优势。

［＊＊＊9］

具体到被告获得信息的环境，初审法院判定，被告受雇于 Omega 时，公司“没有关于保密、不披露或非竞争的内部政策”。法院判定，公司盛行开放的氛围［＊＊1068］，鼓励雇员分享研发和生产过滤片的信息。相反，与此同时，该公司的确对属于 Omega 客户的专有信息制定了保密政策。法院判定，Omega 未在被告雇佣期间传达信息的秘密性，现在却想要保护，当 Omega 确实制定了保密政策时，当时仍被公司雇佣的被告拒绝签字并辞职。法院还判定，Omega 在被告离开公司之前几乎没有采取适当的安全措施，当然，确实也采取了很少的安全措施，比如退出键措施，但这些措施并未强制执行，或者甚至是执行与否并不受监控。相当长一段时间内，公众人员有权进入工作区。法院还指出，［＊＊＊10］Omega 在初审判决期间引用作为安全措施的许多措施实际上是为其他目的设计的，Omega 的主张，例如其位置即为安全措施，属于事后合理化。

这些发现均有记录支持。例如，Omega 的创始人 Robert Johnson 证实公司在第一设备的门上没上锁，而在另一设备上，连接［＊16］Omega 与其他企业的门也没上锁。他证实，Omega 避免采用传统的安全措施，公司依赖雇员是“聪明人”这一事实，他们凭直觉就应知道要对工作上用到的信息进行保密。他还证实，他期待雇员仅仅根据信息的特性就知道在雇佣期间获得的信息是专有的，而且是保密的。他表示，Omega 未对公司的任何文件进行加密标记，因为这会削弱所有 Omega 的文件都保密这一事实。（See Cf. J. T. Healy & Son，Inc. v. James A. Murphy & Son，Inc.，357 Mass. 728，260 N. E. 2d 723，730（Mass. 1970））（其结论是［＊＊＊11］雇主声称安全措施对于避免“激发”信息的“不正当利益”不起任何作用很有可能就是事后聪明，并且“不符合必须不断告诫这些人某种方法是秘密的且必须按秘密进行保存的规则”）。

同时，还有证言和其他书面证据：（1）Omega 未制订过书面保密政策；（2）就在被告考虑离开 Omega 之前，公司认识到需要制订规章制度以帮助雇员区分保密信息和非保密信息；（3）雇员之间几乎认识不到哪些信息是公司认为的专有信息；以及（4）Omega 保留的记录是草率的，有时都没有记录，并且公司没有采取条理化或集中化的可控方式对技术信息进行保存。有一件事是这样，被告 Kebbel 做证，在 Omega 将一台计算机捐赠给一家当地的日托中心之后，Johnson 博士曾问过 Kebbel，公司是否仍然拥有这台计算机，因为里面存有 Johnson 博士需要的信息。基于此事件以及初审法院获得的其他证据，本院判定，法院判决无误，[* * *12] 即 Omega 没有采取措施明确或隐含告知其雇员，在雇佣期间传达给他们的那些信息应保密存放。因此，被告没有接收到保密信息，随之，对原雇主 Omega 不存在违反保密义务的行为。

然而，Omega 辩称，法院在确定被告是否负有保密义务时对被告获得这些 [* *1069] 信息的环境的判决有误。Omega 主张，使用时间是关于原雇员是否对原雇主负有保密义务的决定性因素 [*17]。Omega 混淆了用于确定义务是否存在的时间和义务是否违反的时间，即信息是否被盗用的时间。为了确定保密义务是否存在，法院审查的是获得信息的环境是否是对当事人表明该信息是保密信息，而法院审查使用时间是为了确定是否该人知道使用该信息受保密义务 [* * *13] 制约，从而信息的使用构成了违反义务，继而构成侵占权利。引用《反不正当竞争法重述》（第 3 版）§ 41（b）（1）（注：如果商业秘密是在下面这种情况下公开给当事人，则该当事人对其他当事人负有商业秘密保密义务，即，“公开时，当事人知道或者有理由知道这种公开应当是保密的”）（强调补充），（See § 40（b）（1）id.）（规定：如果除了其他情况以外，“当事人在未征得他人同意的情况下使用或公开了他人的商业秘密，且在使用或公开时，当事人知道或有理由知道该信息属于商业秘密，此情况下，当事人获得信息便形成了当事人对其他当事人负有的保密义务”，则该当事人对侵犯商业秘密负有责任）（强调补充）；（See also Electro – Craft Corp. , 332 N. W. 2d at 901）（商业秘密保护……取决于雇主的持续行为过程，该行为过程形成了保密关系。）（强调补充）。

初审法院的判决 [* * *14] 有记录支持，且初审法院的法律适用正确。因此，本院判定初审法院在 Omega 要求要么撤销原判、要么作出有利于 Omega 一方的判决的商业秘密侵犯诉求中的判决无误。（See Highgate Assocs. v. Merryfield, 157 Vt. 313, 315 –316, 597 A. 2d 1280, 1281 –1282（1991））（初审法院采用的法律标准适当，如果裁决得到合理支持，本院将维持原判。）

关于违反忠实义务、商业关系侵权干扰、不正当竞争和共谋的诉求，

Omega声称初审法院存在法律错误，不仅要求发回重审，还要求一旦改判，Omega应该得到每项诉求的有利判决。如本院在引用 Dicks v. Jensen 案中所指出，佛蒙特州商业秘密法案明确取代普通法侵权主张，其对商业秘密侵犯提供民事救济（See 172 Vt. at 51，［＊18］768 A. 2d at 1285；See also 9 V. S. A. § 4607）。因此，如果 VTSA 管辖此案，可以认为，至少 Omega 的部分主张会被排除。然而，如上所述，本案讨论的行为发生在 VTSA 生效日之前，因此，仍适用普通法。

关于应当对初审法院作出的每项主张的判决发回重审的诉求，Omega 未能指出初审法院在任何一项主张上存在任何单项主张的误判，而是对于初审法院针对每项主张的证据进行了重新辩论，并罗列了对其有利的证据。这种情况下，重审的标准是确定法院作出的事实裁决是否有记录支持，并且此裁决是否能够合理支持其判决。［＊＊1070］引用 Highgate，157 Vt. at 315－316，597 A. 2d，1281－1282。确定过程中，本院没有考虑任何减责性证据，而是基于最有利于初审法院裁决的方式检视案卷。引用同上第 315 页，597 A. 2d，1281（如果仅仅因为裁决与重要证据相矛盾，此裁决将不受影响；相反，上诉人必须表明支持裁决的证据不可采信。）

对于以 Omega 主张被告侵犯［＊＊＊16］其公司商业秘密为前提的其他主张，初审法院对于该主张的处理同样适用其他主张的处理。

此外，如初审法院对于 Omega 关于违反忠实义务的诉求中所指，法院通常持如下观点：对于任意雇佣型雇员（at－will employee）即便在受雇之时也可以开始计划与其雇主竞争，并且在一旦解除雇佣关系之后，可与雇主自由竞争。引用 Augat，Inc. v. Aegis，Inc.，409 Mass. 165，565 N. E. 2d 415，419（Mass. 1991）；Metal Lubricants Co. v. Engineered Lubricants Co.，411 F. 2d 426，429－430（8th Cir. 1969）（注意：任意雇佣型雇员可以在仍然受雇时有与其雇主［＊＊＊17］竞争的计划，但是雇员在仍然受雇时不能招揽雇主的客户，并且不能侵犯雇主的商业秘密或其他保密［＊19］信息）。初审法院明确裁决，虽然，当被告还在 Omega 工作时的确为创建 Chroma 制订了计划，但他们没有在受雇于原公司时招揽 Omega 的客户，并且继续在 Omega 行使忠实义务。由于这些裁决有记录支持，本庭在上诉程序中将不会对此改变。

然而，Omega 辩称，被告在从公司离职后与公司竞争原客户构成法律意义上的违反忠实义务。但是，如本庭注意到的，在引用 Dicks 案中，针对客户名单，当雇主未采取措施保护客户名单之类的信息时，在雇员离职后，原雇员竞争客户的行为是合法的（引用 Dicks，172 Vt. at 51，768 A. 2d at 1285）。

Omega 还提出了更为一般原则的争辩理由，即“作为 Omega 的原雇员，每名被告均……继续对 Omega 负有忠实义务，包括避免为了自己的利益或 Chroma 的利益损害 Omega 利益的克制义务。”（强调）Omega 的如下主张没有足够依据：任意雇佣型雇员即便在离职之后仍然对原雇主继续负有约束他们永不做出损害原雇主利益的行为的忠实义务。这种普通法义务将阻止雇员，使其永远不为竞争对手工作，即便没有竞业禁止协议，这种结论是不正常的。引用 Cf. Dicks，172 Vt. at 51，768 A. 2d at 1285（如果有限制，本庭会执行明确的竞业禁止协议，本庭拒绝执行隐含的协议。）

针对 Omega 提出的商业关系侵权干扰的诉求，初审法院判决，尽管被告可能使用了冒犯性的销售手段，[* * 1071] 但 Omega 未证明被告的全部行为目的就是要损害 Omega，被告使用了不正当的手段同 Omega 竞争客户，或者使用了犯罪手段或欺诈手段来提升自己的竞争利益。引用 Gifford v. Sun Data, Inc.，165 Vt. 611，613，686 A. 2d 472，474 - 475（1996）[* * * 19]（mem.）（注意对可能的合同关系构成侵权干扰的起诉能够胜诉所需的举证，以及“商业竞争行为不构成侵权”）。初审法院还判决，Omega 没能证明任何一名被告的行为与 Omega 在商业上的损失之间存在因果关系。尽管 Omega 引用证据争辩表明被告使用不正当手段竞争客户，但是其论点 [* 20] 不能推翻初审法院关于其未能证明侵权的因果关系的判决。因此，本院不会推翻初审法院对此诉求的判决。

Omega 还诉称，初审法院对其关于不正当竞争诉求中客户误认的证据不予理会，该证据引用了一起事件，其中，分销显微镜的公司代表表明，他以为 Omega 是 Chroma 产品的商标名，使得他在打算联系 Omega 预定一套过滤器时联系了 Chroma。Omega 指出，初审法院没有对此审理其关于该事件提出的事实，以及 Chroma 未能消除分销代表 [* * * 20] 公司误认的事实。然而，初审法院明确承认，两家公司生产同样的产品，又都位于布拉特尔伯勒，这“在一定程度上必然导致 [公司] 误认”。接着，法院判决，被告的行为并非有意造成混淆，两家公司的名称不是特别相像，不必然导致客户混淆，并且 Omega 未能证明在两家公司的客户之间存在“任何显著水平的混淆”。Omega 引用上述独立事件的证据不影响该判决。

Omega 关于其有权赢得共谋诉求的申诉依据是，所有被告的引致其他诉求的行为（包括商业秘密盗用行为）是一致共谋的。由于这些其他诉求并未得到支持，所有共谋诉求也无法得到支持。总而言之，本院拒绝 Omega 关于撤销初审法院对其提出的违反忠实义务、商业关系侵权干扰、不正当竞争和共谋诉求所作出的判决的上诉请求，以及作出有利原告判决的每项诉求的判决的上诉请求。

基于［＊＊＊21］本院以上意见，本院无须审理 Omega 提出的损害赔偿问题。最后，关于 Omega 的主张，即初审法院未就每名被告的可信性进行充分的事实调查，以及对 Omega 提出的关于被告可信性问题的调查结果不予采用的做法有误，本院认为判决无误。可信性的判定仅仅是调查者的职责，引用 Cabot v. Cabot，166 Vt. 485，497，697 A. 2d 644，652（1997）（注意：判定证人的可信性属于初审法院的职责）；引用 Mullin v. Phelps，162 Vt. 250，261，647 A. 2d 714，720（1994）（注意：在审查［＊21］初审法院的调查结果方面，本法院的职责不是"重新考虑证据，或者……重新进行可信性的事实调查"），并且不采用当事人提交的关于证人可信性问题的调查结果并不能成为重审的理由。引用 McCormick v. McCormick，150 Vt. 431，435，553 A. 2d 1098，1101（1988）（注意：法院［＊＊1072］不采用当事人提交的调查结果不构成重审理由，因为只要有说服力，法院可以自由选择证据）。此外，初审［＊＊22］法院没有义务向当事人解释不采用当事人提交的调查结果的理由。因此，初审法院不采用 Omega 关于被告共同辩护协议导致证词不可信的推测，或者没有解释共同辩护协议不影响被告可信性的原因，这都不构成重审理由。

维持原判。

附录 B. 3

Richard Posner 法官强调了商业秘密对于美国经济的重要性，同时设定了根据情况属于合理的保密措施程度的界限。

原告—上诉人：Rockwell Graphic Systems 股份有限公司

被告—被上诉人：Dev Industries 股份有限公司

Press Machinery 公司 和 Robert Fleck

案号：No. 90 - 1499

美国联邦第七巡回上诉法院

925 F. 2d 174；1991 U. S. App. LEXIS 1969；

17 U. S. P. Q. 2D（BNA）1780

1991 年 1 月 11 日，抗辩

1991 年 2 月 11 日，决定

既往历史：[* *1] 不服由北伊利诺伊联邦地方法院东区分院的判决（案号：No. 84C 6746；Ann Claire Williams 法官）而上诉。

判决：

撤销并发回重审。

律师：

原告—上诉人：

Michael O. Warnecke，William P. Oberhardt，Deborah S. Ruff，John M. Augustyn，Neuman，Williams，Anderson & Olson，伊利诺伊州芝加哥市

Richard A. Speer，匹兹堡 宾夕法尼亚州

R. Paul Eck，西塞罗 伊利诺伊州

被告—被上诉人：

Louis B. Garippo，Lydon & Griffin，伊利诺伊州芝加哥市

Stephen P. Carponelli，James E. Hussey，Carponelli，Krug &Adamski，伊利诺伊州芝加哥市

James J. Flynn，Quinn，Jacobs，Barry & Miller，伊利诺伊州芝加哥市

法庭之友：

Lawrence S. Wick，Leydig，Voit & Mayer，伊利诺伊州芝加哥市

Frederick T. Stocker，Manufacturers'Alliance for Productivity and Innovation，Inc，哥伦比亚特区

法官：

Cummings，Posner 和 Flaum　巡回法官

裁决意见：

Posner 法官

裁决意见如下：

［＊175］Posner 巡回法官

这是一件有关侵占商业秘密的诉讼。Rockwell Graphic Systems 股份有限公司（以下简称“Rockwell”）是一家生产用于印刷报纸的印刷机及其零件的公司，其向 Dev Industries 股份有限公司（以下简称“Dev”）及该公司的董事长提起诉讼，其董事长过去曾经是 Rockwell 的雇员。该案在联邦法院依据的是 RICO 成文法（反诈骗腐败组织犯罪法）（18 U. S. C. § § 1961 *et seq*）。根据 RICO 法构成责任的特定行为是个人被告 Fleck、另一个曾受雇于 Rockwell 而现受雇于 Dev 的职员 Peloso 所实施的盗用行为（以及相关的不当行为，例如涉嫌违反诚信义务）。这些行为被诉称违反了伊利诺伊州的法律，Rockwell 直接援引伊利诺伊州法、间接援引 RICO 法诉他们应承担责任。地区法院根据一个地方法官的建议对被告作出了简易裁决。该地方法官认为由于 Rockwell 没有采取合理的预防保密措施，因此其不拥有商业秘密（730 F. Supp. 171）。因此该案中没有构成特定行为的基础的侵占行为，从而该案中对 RICO 法规的理由不予考虑。至于该案中涉及联邦诉求的部分，地区法官对于未决内容放弃了管辖权，造成其驳回了整个案子的诉讼（730 F. Supp. 171（1990））。

当我们说 Rockwell 同时制造印刷机及其可替换部件时，我们用近似的叫法称呼这些部件为“易损件”［＊＊3］或者“零部件”。Rockwell 不总是自己生产零部件。有些时候当 Rockwell 印刷机的拥有者需要一个特殊零件或 Rockwell 预见到对该零件有需求时，它会把该零件的生产转包给一个独立的机械工厂，该机械工厂被称为零部件的“供应商”。当零部件的生产被转包时，Rockwell 必须将标明了材料、尺寸、公差以及制造方法的零部件图提供给供应商。没有这些信息，供应商不可能制造出零件。Rockwell 没有试图申请零部件的专利。它认为购买者无论通过检查或是“反向工程”（将其拆卸以找到其制造方法），都无法发现如何制造这些部件。这些部件的制造需要包括很多信息例如制造方法、合金状态、公差等的零部件图，通过零部件本身不能间接获得这些信息。所以 Rockwell 试图（是否足够努力是本案的焦点）将零件图保密，当然不是向供应商保密。因为如果没有图纸，供应商不可能为 Rockwell［＊＊4］制造出零件。Dev 指出，一些零件是应用于某些 Rockwell 已经不再制造的印刷机的。但是只要［＊176］印刷机还在使用——可能使用很长时间——仍有更换零件的需要。

Rockwell 曾雇用了 Fleck 和 Peloso，他们负责的位置使得他们可以接触零部件图纸。Fleck 于 1975 年离开了 Rockwell，3 年后作为总裁加入 Dev。Peloso 因为将 Rockwell 车间内的零件图拿走被一名保安人员抓到，从而被开除一年后加入 Dev。该诉讼于 1984 年提起，Rockwell 的证据开示发现 Dev 拥有 600 张图纸，其中的 100 张是 Rockwell 的。Dev 宣称自己通过 Rockwell 的客户或者供应商合法获得了这些图纸，而不是像 Rockwell 宣称的那样，Fleck 和 Peloso 在任职期间偷出了这些图纸或以其他非法的方式获得了图纸，例如通过一个违反了与 Rockwell 签署的保密协议的供应商得到了图纸。迄今为止，在诉讼中，Dev 还没有提交相关客户或者供应商以合法途径提供给其 Rockwell 图纸的相关证据。

被告［＊＊5］说服地方法官和地区法官，这些零部件图纸根本就不是真正的商业秘密，因为 Rockwell 仅仅敷衍了事地去保密。不仅仅是供应商手上拥有几千张图纸，而且 Rockwell 印刷机的拥有者，即零部件的客户手上也有几千张以上的图纸。然而，客户所持有的图纸与本案并无关联。这些图纸是装配图，而不是零件图（尽管有一个零件图在案卷中被标记为“装配图”，但由于它包括了尺寸、公差和其他一些说明，实际上它是一个真正的零件图。装配图显示了如何将印刷机的零件装配在一起以及如何将印刷机与打印机的其他部件相结合。只要 Rockwell 出售了印刷机，他也就同时给了买家装配图。这些就相当于如何装配一件家具的说明书。Rockwell 没有声明上述装配图中包含着商业秘密。它承认曾经向客户提供了一些零件图，但是这些零件图是 Rockwell 已没有兴趣生产的过时零件的图纸，以及没有作为最初交付的印刷机的一部分，而客户一直想着要安全装置的附图。更重要的一点，这些图纸均不属于 Rockwell 诉 Dev 侵占或盗用的部分。

装配图和零件图之间的区别并非是深奥难懂的。A. H. Emery Co. v. Marcan Products Corp.，268 F. Supp. 289，300（S. D. N. Y. 1967），aff'd，389 F. 2d 11，16（2d Cir. 1968）案件以及其他一些案件都阐释过（事实上也是显而易见的），某一公司在公布一些文件（或者一个文件的部分）时，并不损害包含在其他文件（或同一文件的另一部分）中的商业秘密信息的状态。Alexander & Alexander，Inc. v. Drayton，378 F. Supp. 824，833（E. D. Pa. 1974），aff'd，505 F. 2d 729（3d Cir. 1974）；Ecolaire Inc. v. Crissman，542F. Supp. 196，206（E. D. Pa. 1982）；Laser Industries，Ltd. v. Eder Instrument Co. Supp. 987，991（N. D. I11. 1983）。Rockwell 像其要求零件图的使用者那样，在装配图上注明要求使用者承担保密义务并不重要。可能受到专利滥用原则（相关内容参见 USM Corp. v. SPS Technologies，Inc.，694 F. 2d 505，510 -

512 (7th Cir. 1982) [* *7] 及其中所引用的案例）的影响，Dev 认为如果一个公司试图对并非真正构成秘密的信息进行商业秘密保护，则该公司就丧失了对构成秘密的信息的商业秘密保护。这里不存在那样的原则——即使专利滥用原则也不会由于滥用处罚而判定专利权丧失——这是毫无道理的。这不仅仅因为有许多关于 Rockwell 过度要求商业秘密保护（如果它曾那样做的）的简单的解释——例如过分谨慎，对商业秘密的保护范围不确定，担心工作人员总是不能一眼就区分装配图和零件图，或者仅仅是因为统一政策的经济性，而且还因为它将使得商业秘密的拥有者处于危险之中。如果它将看得到的每一个文件都加注“保密”标记，则它将与我们所称的滥用原则相冲突。但是如果它不在每一个文件上都加保密标记，它又会遭到其疏于保密的指控 [* *8] ——实际上 Dev 的主要论点就是 Rockwell 不可原谅地疏于努力地保护其零件图的秘密。

关于这一关键问题，案卷给出如下事实（由于简易裁决判定 Dev 胜诉，我们必须以尽可能有利于 Rockwell 的方式解释这些事实）。Rockwell 将所有的工程图纸，包括零件图和装配图都放在地下室中。不仅是进入地下室的入口，甚至进入建筑物的入口都是上锁的，经过授权的员工出示证明才能进入。这些员工是 Rockwell 雇用的主要技术人员，约有 200 人。他们被要求签署相关协议：除非经公司授权，否则不得散布这些图纸或者公开它们的内容。经授权的员工需要使用图纸时，其从地下室拿走图纸和用完之后归还图纸时都要签字。他如果被允许复印某些图纸，当他用完这些复印件时需要将它们销毁。唯一可以得到零件图的外部人员就是供应商（他们得到的是复印件而非原件）。供应商也需要签署保密协议 [* *9]，并且每一张图纸上都标有说明，显示它包含专有性内容。类似于 Rockwell 自己的技术人员一样，供应商被允许复印一些图纸用于内部工作的目的。尽管他们签署的保密协议要求供应商供货之后应该归还这些图纸，Rockwell 并没有严格执行这一要求。没有严格执行的原因是如果 Rockwell 再订购这些零件时，供货商还需要使用图纸。Rockwell 甚至允许一个零件合同的未中标的投标人拥有这些图纸，依据就是这一轮投标中出价高的公司可能在下一轮投标中出价低。但是 Rockwell 在确定供应商之前会考虑这些机械工厂的道德标准，也因此没有工厂曾违反过保密协议。

仅仅是 Rockwell 将零件图提供给供应商的事实，即 Rockwell 出于特定原因向有限范围的外部人员披露其商业秘密的事实，并不导致其丧失商业秘密的保护。A. H. Emery Co. v. Marcan Products Corp. , 389 F. 2d 11, 16 (2d Cir. 1968)。相反地，这是高效利用商业秘密所经常需要进行的披露 [* *10]，对信息披露对象也赋予了保密义务。Jones v. Ulrich, 342 I11. App. 16, 25 - 26, 95 N. E. 2d 113, 117 (1950)；Crocan Corp. v. Sheller - Globe Corp. , 385

F. Supp. 251，253（N. D. I11. 1974）。但是有200名技术人员为了工作借出并复印了零件图，还有许多供应商得到了零件图的复印件并再次复印了它们，这样就有好几万张零件图的复印件流传出了Rockwell的地下室，其中很多完全流传到了公司外部。虽然地方法官得出结论的基础是Rockwell在某些方面没有付出足够的努力去保密，至少在不相关的事实方面，它根本没有努力对装配图保密，但是Dev在地方法院向法官的申辩并得到的认可的申辩意见是Rockwell甚至也没有采取足够的措施对零件图保密。Rockwell不仅没有限制对零件图的复印或坚持要求归还使用过的复印件，它也没有对前者制定更多的保密措施。[* *11] 所以，Rockwell本可以对零件图采取比现有措施更多的保密措施，我们现在要做的就是判断Rockwell未能采取更多措施的瑕疵是否违反了商业秘密拥有者应当做出适当的努力去保密的义务，如果是，则有利于被告的简易裁决就是合理的。

不管两种不同的商业秘密概念中的哪一种处于优势（被广泛采用），合理努力的要求都具有证据和补救的重大意义（这两个理念在伊利诺伊州的法律中都有依据，我们应该可以看到）。第一个也是更常见的一个要求仅仅是给由于独立的侵权行为而被侵犯了有竞争力的价值的秘密的公司一个补救，这种侵权行为可能是对一个保密协议或员工合同的违背或改变或其他侵犯。照此，由于引发责任的攫取秘密行为必须是不当行为，（1. Rev. Stat. ch. 140，paras. 352（a），（b）（1），（2）（A），（B）；Restatement of Torts §757（1939）；ILG Industries，Inc. v. Scott，49 I11. 2d 88，93，273 N. E. 2d 393，396（1971）；Brunswick Corp. v. Outboard Marine Corp.，79 I11. 2d 475，479，404 N. E. 2d 205，207，38 I11. Dec. 781 [* *12]（1980）），则商业秘密唯一的意义就在于使得错误侵占的受害者可以基于被侵占信息的竞争价值获得赔偿金。商业秘密的第二个理念被E. I. duPont de Nemours & Co. v. Christopher，431 F. 2d 1012（5th Cir. 1970），and in Illinois by I11. Rev. Stat. ch. 140，para. 352（b）（2）（C），和Schulenburg v. Signatrol，Inc.，33 Ill. 2d 379，387－388，212 N. E. 2d 865，869（1965）所阐释，它是指商业秘密挑选出法律应该保护的有社会价值信息，即使这些信息违背了未造成损害的或其他合法行为——在*Christopher*案中，从空中拍摄竞争者的露天植物，然而没有直接在其头顶上飞行，因此没有违反或触犯任何其他商业秘密本身的错误的独立侵占。同时参见Brunswick Corp. v. Outboard Marine Corp.，supra，79 I11. 2d at 479，404 N. E. 2d at 207；重述，supra，§ 758（b）。

由于*Christopherr*案的裁决中描述了被告使用的方法是“不适当的”（431F. 2d at 1015－1017），这也是上述第一个理念（商业秘密保护中更传统的概念）规定的责任的关键，所以两个概念之间的界限并不清晰。其实 *Christopher* 并非禁止任何揭露商业秘密的行为，它特别提到了反向工程就是正当揭露商业秘密的行为（*Id.* at 1015）。该案中并没有解释处理方式的不同之处，但是它可能依赖于双重的想法，即反向工程包括了对技术技能的使用，这是我们想要鼓励的。以及每个人都应该有权利拆开他购买的产品进行研究。

商业秘密保护中的两种不同的理念明显可以更好地被描述为不同的侧重点。第一个侧重点是阻止的愿望，其以阻止财产从一个公司向另一个公司重新分配为唯一的目的和效果。第二个侧重点是通过保护发明成果防止被侵占的觊觎来鼓励发明活动的愿望，这种侵占的觊觎完全没有财产再分配——不具备创造性。这两种理念的区别，如果存在的话，仅在于第二种理念没有限定那些不适当方式的种类以对应那些在侵权或合同法［**14］或信用责任中先前存在的分类，当然，这也并不意味着，第一种理念仅仅表现为少数几种不正当的行为。

根据第一种理念，至少如果对其狭义进行解释以至不与第二种理念相合并，原告必须证明被告通过不正当的行为获得了原告的商业秘密，其使用如下指控事实，Fleck 和 Peloso 未经授权从 Rockwell 的物业中拿走了一些零件图，并将其用于与 Rockwell 的竞争活动中，由此违反了雇佣合同和保密协议。在证据开示阶段，Rockwell 未能直接证明从 Dev 得到的 100 张零件图是 Fleck 和 Peloso 从自己的公司偷出来的或是以其他不正当的手段得到的。然而，如果它可以说明 Dev 通过其他的方式，即没有从事不道德行为的方式而获得这些零件图的可能性是微小的，那么它就朝着根据商业秘密保护的第一理念［*179］取得胜诉而必须作出的证明迈出了巨大的一步。Rockwell 采取的保护零件图的秘密的预防措施越多，Dev 获得这些图纸的可能性越小，而通过不正当行为获得这些图纸的可能性就越大［**15］，图纸的拥有者已经付出了很大的努力以阻止他们通过别的方式获得图纸。

根据商业秘密保护的第二种理念，拥有者的预防措施还具有证据性意义，但是首先它证明了所说的秘密是有实际价值的。根据第二种理念，被告获得这些秘密的具体手段尽管不是完全不重要的，但也是次要的。记住，第二种理念甚至允许通过一些手段揭露商业秘密，例如反向工程。如果 Rockwell 仅仅付出了微不足道的努力去阻止它的零件图不落入其竞争对手，例如 Dev 的手中，那么昂贵的法律机制为什么要多事地为 Rockwell 提供赔偿？如果 Rockwell 不认为这些秘密值得付出认真的努力去保护，那么这些图纸中包含的信息也就没有多大的价值。

上述合理努力的补救意义在于：如果原告使得他的商业秘密进入了公有领

域，则如果仅因为被告从他那里获得秘密而判他获得赔偿（而不是从公有领域获得能免予受罚），则他就得了一笔意外之财。Brunswick Corp. v. Outboard Marine Corp.，supra，79 Ill. 2d at 479，404 N. E. 2d at 207；Van Products Co. v. General Welding & Fabricating Co.，419 Pa. 248，267－268，213 A. 2d 769，779－280（1965）（否定了宾夕法尼亚州法律中的相关解释，法院曾在下述案件中采用过该解释：Smith v. Dravo Corp.，203 F. 2d 369，374－375（7th Cir. 1953））。这就像惩罚一个偷窃了所有权的人，其认为该所有权属于他人，而实际上是一个被放弃的所有权。如果下述事实是真的（显然它不是），即 Rockwell 曾经争议提供零件图给它的客户们，并且未要求这些客户对其保密，Dev 通过上述客户获得那些图纸并无过错。对 Rockwell 的损害就像是 Dev 从它那里偷走了那些图纸，但是 Rockwell 丧失了获得商业秘密的权利，将不会获得补偿。无论将商业秘密视为对做错事的人的一种所有权保护（第二种理念的逻辑极限，尚没有判例——甚至［＊＊17］*Christopher* 案也没有援引它，专利法可能领先于它），还是对世的所有权保护都是对的。在第一种情况，如果所有权在那些不需要做错事就能得到它的人们的手中，被告就可以通过合法行为完全获得该所有权，在第二种情况下，如果原告没有限制地放弃了所有权，被告完全就可以获得该权利。

因此，很容易理解为什么商业秘密法要求原告证明其采用了合理的预防措施以保护它的秘密。如果有类似的需要，应该想到商标的拥有者有责任付出合理的努力去避免它的商标被侵权，否则该商标很可能被认为是被放弃的，或者是通用性的或仅是描述性的（都不受保护）（1McCarthy，Trademarks and Unfair Competition §17：50，at pp，778－780（2d ed. 1984））。未认真维护自己权利的商标权人表达了以下两方面的信息：他不是真正地充分重视其商标权，并将其商标置于该商标已经流入了公有领域的印象，侵权者可能没有意识到自己在使用一种商标所有权［＊18］，就像 Dev 在争辩中所认为的 Rockwell 的零件图那样。

但是仅仅在极端案例里可以通过简易判决动议决定什么是“合理的”预防措施，因为答案依赖于成本与收益之间的平衡，这种平衡在不同案件中区别很大，因此需要在相关特定领域具有丰富知识的人们去评估和度量。一方面，商业秘密的拥有者［＊180］付出的保护其秘密不被泄露的努力越多，就越能证明该秘密真正具有值得法律保护的价值，因此拥有者就真正因为他人侵占其秘密受到了伤害，他人的行为也就真正构成了侵占。另一方面，他付出的越多，成本就越高。成本可以是直接成本也可以是间接成本。对于工程师或者零售商，Rockwell 对他们使用图纸的限制越多，他们完成预期工作的难度就越大。假设 Rockwell 禁止对图纸进行任何的复印，那么工程师团队就不得不共同使用一张图纸，可能通过相互传递或是在同一个房间从事工作，在图纸前挤作一团［＊＊19］。并且一个零售商如何制造零件？Rockwell 应当做所有这些工作吗？上述重新设想的工作和生产模式远非是无代价的，因此完美的保护并不意味着是最适宜的保护。

这里存在一些有争议的事实问题，要记住什么是“合理的”，其本身就是适用民事诉讼法第 56 条的一个事实。（Cooter & Gell v. Hartmarx Corp., 496 U. S. 384, 110 S. Ct. 2447, 2459, 110 L. Ed. 2d 359（1990）; Mucha v. King, 792 F. 2d 602, 605（7th Cir. 1986）; Nunez v. Superior Oil Co., 572 F. 2d 1119, 1126（5th Cir. 1978））显然 Rockwell 曾采取了一些预防措施以对其零件图进行保密，包括物质性的保卫措施（地下室的安保措施以及安保人员，其中一个安保人员在作案现场抓获了 Peloso）和契约性的保护措施。显然他可以采取更多的预防措施。但是考虑到成本，问题在于是否在安保方面的额外收益会超过成本。我们不希望得到与这个问题提起那样精确的回答，但是我们也不能说没有理性的陪审员能够发现 Rockwell 所做的预防措施已经足够，并通过 Rockwell 所做的预防措施和 Dev 不能证明 Rockwell 的零件图是他所合法拥有的，就此推断侵占成立［＊＊20］。

这是一个重要的案件，因为商业秘密保护是知识产权的重要组成部分，它是所有权的一种，在美国的产业竞争中越来越重要。专利保护由于成本高并且有一定期限，因此不能被认为是一种完美的替代品。如果商业秘密的保护必须依靠权利人采取过度的、消弱生产力的方式去保护他们的秘密，那么投资资源以发现更有效率的生产方法的动机就会被削弱，同时发明创造的数量也会减少。鉴于该案件的重要性，我们必须对地区法院的简易判决的简短内容（一页半纸）表明我们的关注。虽说言以简为贵，而且地区法官有利用地方治安官判决的优势，但是至关重要的是，在联邦法院的商业诉讼不能被轻率对待。国家的未来在很大程度上依赖于工业效能［＊＊21］，而工业效能在很大程度上依赖于知识产权的保护。

该判决被撤销，该案件将被发回地区法院进行进一步与本法庭意见相一致的审理（包括审理悬而未决的部分）。

撤销并发回重审。

附录 B. 4

美国联邦第七巡回上诉法院在撤销地区法院关于本案的裁决时必须考虑伊利诺伊州统一商业秘密法案的变化和《侵权重述法》（第 1 版）的六个要素。

原告—反诉—被告—被上诉人：Learning Curve 玩具公司

被告—反诉—原告—上诉人：Playwood 玩具公司

反诉—被告—被上诉人：Roy Wilson，Harry Abraham 和 John Lee

案号：No. 02 – 1916

美国联邦第七巡回上诉法院

342 F. 3d 714；2003 U. S. App. LEXIS 16847；67 U. S. P. Q. 2D (BNA) 1801

2002 年 12 月 13 日，抗辩

2003 年 8 月 18 日，决定

既往历史：[* *1] 不服由北伊利诺伊联邦地方法院东区分院对于 Play-Wood 玩具公司诉 Learning Curve Toys 玩具公司案的判决而上诉

案号：No. 94 C 6884；由 Rebecca R. Pallmeyer 法官审理。PlayWood 玩具公司诉 Learning Curve Toys 玩具公司：2002 U. S. Dist. LEXIS 4298（N. D. Ill.，03. 14，2002）

判决：撤销并发回重审。陪审团的判决被恢复。

律师：

代表 Learning Curve 玩具公司一方：

原告—被上诉方：Dean A. Dickie，Rooks，Pitts & Poust，美国伊利诺伊州芝加哥市。Roger L. Price，D'ancona & Pflaum，美国伊利诺伊州芝加哥市。

代表 Playwood 玩具公司一方：

被告—上诉方：John S. Letchinger，Wildman，Harrold，Allen & Dixon，美国伊利诺伊州芝加哥市。

代表 Roy Wilson，Harry Abraham 和 John Lee 一方：

被上诉方：Roy Wulson，Harry Abraham，John Lee，美国伊利诺伊州芝加哥市。Roger L. Price，D'ancona & Pflaum，美国伊利诺伊州芝加哥市。

法官：Ripple，Kanne 和 Rovner，巡回法官

判决意见：Ripple 法官

判决意见如下：

[*716] Ripple 巡回法官。依据伊利诺伊州商业秘密法案（765 ILCS

1065/1）以及下列等等，PlayWood 玩具公司（以下简称“PlayWood”）起诉 Learning Curve 玩具公司和它的代表人：Roy Wilson，Harry Abraham 和 John Lee（共同称为“Learning Curve”）侵占了其关于具有逼真的外观和音效的玩具铁轨的商业秘密，PlayWood 得到了一个商业秘密侵占成立的陪审团裁决。陪审团裁定 PlayWood 具有所有权“以 8% 作为许可费，可以经过协商（非侵占）允许被告在产品寿命内继续使用”（R. 194）。尽管在陪审团面前有一些关于侵占的实质性证据，但是地方法院未依据陪审团裁定作出判决。相反地，法院将其作为一项法律事项，作出了有利于 Learning Curve 方的判决，地方法院裁定 PlayWood 不具有可保护的关于玩具铁轨的商业秘密。PlayWood 上诉。根据下列裁决意见，我们撤销了地方法院的裁决并恢复了陪审团的裁定［＊＊2］。并且我们将本案发回地方法院，由陪审团对惩罚性损害赔偿和 PlayWood 要求的律师费补偿进行审理。

I

背景

A. 事实

1992 年，Robert Clausi 和他的内弟 Scott Moore 开始创建以木质玩具为样板的 PlayWood 玩具公司，即一家加拿大的有限公司。Clausi 是 PlayWood 唯一的玩具设计师，Moore 是公司唯一的职员和主管。在此之前，Clausi 和 Moore 都没有玩具行业的相关经验，但是 Clausi“一直具有几分涂鸦者和设计师的气质”（Trial Tr. at 58），这两个人希望“为独立的玩具市场创造一些高质量的硬枫木玩具”（Id. at 241）。作为一家新创建的公司，PlayWood 没有自己生产玩具的工厂。作为替代，他与拥有一家木工艺工厂的 Mario Borsato 进行合作。在与 PlayWood 签署了保密协议的条件下，Borsato 根据 Clausi 的设计说明书为 PlayWood 制造玩具样板。

PlayWood 最初试图在 1992 年 1 月 31 日举办的多伦多玩具展览会上公开销售其玩具。PlayWood 受到了很多出席展览会的玩具零售商［＊＊3］的好评。PlayWood 当时也意识到使其玩具得到认可的最好方法是去参加下个月举办的纽约玩具展览会（以下简称“玩具展览会”）。基于这个信息，Clausi 和 Moore 订了“玩具展览会”的一个展位以展示其玩具样板。就是在这次玩具展览会上，Clausi 和 Moore 首次遇到了 Learning Curve 的代表人：Roy Wilson、Harry Abraham 和 John Lee。

在玩具展览会的第一天，1993 年 2 月 12 日的早晨，Roy Wilson 在 PlayWood 的展位驻足，并与 Clausi 和 Moore 进行交谈。Wilson 自称是 Learning Curve 的玩具设计师，他解释说他的公司具有来自 Britt Allcroft 公司的许可，以开发 Thomas the Tank Engine & Friends TM（以下间称“Thomas”）的火车和附件。Wilson 表示 PlayWood 的玩具样板的外观和质量给他留下了深刻的印象，并提出了通过定制生产合同的方式进行合作，以制造 Learning Curve 的 Thomas 产品生产线的可能性。Clausi 和 Moore 回应说 PlayWood 对这样的合作方式非常感兴趣。当天的晚些时候，Learning Curve 的副总裁 [* *4]，Harry Abraham 和 Learning Curve 的总裁 John Lee 也同样在 PlayWood 的展位驻足。他们都评论了 PlayWood 的玩具样板的质量 [*717]，并暗示 PlayWood 会是与 Learning Curve 签订生产合作的一个好的候选者。

在玩具展览会剩余的日子里，Clausi 和 Moore 继续与 Learning Curve 的代表们进行交谈，该展览会于2月14日结束。Lee 在交谈中提出，希望他的两个员工 Abraham 和 Wilson，能够在玩具展览会结束的第二天参观多伦多的 PlayWood，以决定是否两家公司能够做出对于部分或全部 Learning Curve 的木制玩具的生产安排。对于该提议，Clausi 感觉有点不安，他要求将参观延后几天，以使自己更好地熟悉 Learning Curve 的产品。两家公司最终同意 Abraham 和 Wilson 于玩具展览会结束的4天之后，即于1993年2月18日在 Borsato 的工厂参观 PlayWood。Clausi 在玩具展览会结束后的这几天用来研究 Learning Curve 的产品，并考虑 PlayWood 如何生产 Learning Curve 的火车和轨道。

1993年2月18日，Abraham 和 Wilson 按计划参观了位于多伦多的 PlayWood。会面的开始，大家参观了 Borsato 的木工艺工厂，就在这里制造了在玩具展览会上展示的样板。参观结束后，双方来到了 Borsato 工厂的会议室。此时，根据 Clausi 和 Moore 的说法，双方同意对他们接下来的讨论进行保密。Clausi 作证：

当我们坐在董事会会议室之后，Abraham（Learning Curve 的代表人 Harry Abraham）立刻说：“现在，我们将对你们公开秘密信息，我们将公开 Wilson [Learning Curve 的代表人 Roy Wilson] 的一些相当秘密的设计。如果 Brio 得到它们，那么我们可不愿意。我们要在秘密理解的基础上去做这些事。”

我说：“我现在也有一些事情，一些关于如何制造轨道和火车的想法，这些是我在过去几天里想到的。我认为它们也是秘密的。如果我们双方都认可的话，我们应该继续。”所以，我们继续。

(Trial Tr. at 76 -77). Moore 作证，存在相似的谈话 [* *6]：

那个时候，Abraham 告诉我们，他们要公开一些秘密文件，图、价格、利润，询问我们是否可以保密。

* * * *

我记得 Robert（Clausi）说了那些话：“你知道，绝对地，我们将保密。”

事实上，你知道，有一些我们认为是秘密的想法将公开给他们，他们是否会保密？他们是否会有酬答？并且（Abraham）说：

“绝对的。”接下来我们继续一起开会。

（Trial Tr. at 247－248.）

在双方同意将他们的讨论保密后，紧接着，根据Abraham的指示，Wilson向Clausi和Moore展示了一些关于Thomas各种特征的图纸，并提供了关于每个产品的设计体积的信息。Clausi作证说他认为Learning Curve在会议期间公开的文件是秘密文件，因为这些文件包括了尚未向公众发布的产品的信息，Learning Curve的不同产品的设计体积、成本和利润率也是这样。在看过了［＊718］Wilson提供的各种图纸之后，双方［＊＊7］讨论了PlayWood的关于如何制造Learning Curve的火车的想法。Clausi建议他们可以使用一个CNC机器，他将其定义为电脑数值控制钻孔机，通过其可以实现三维空间的切割，以使用单一的一块木头就制造出Learning Curve的火车（而不需要将分离的各个木头块进行拼接）。

双方讨论的话题最后从火车产品转移到了集中在轨道设计上。Wilson向Clausi和Moore展示了一些Learning Curve的轨道图纸，并提供了一些他们当前产品的样品。此时，Abraham向Clausi和Moore透露说轨道给Learning Curve造成了一点问题（Trial Tr. at 85.）。Abraham解释说Learning Curve的Thomas火车的销售额非常大，但是火车轨道的销售额很悲惨。Abraham将轨道销售额不足归因于Learning Curve的轨道和他的竞争者Brio的轨道实质上是相同的。Brio具有轨道市场的最大份额。由于两个品牌的轨道“没有区别”，在很多经销Learning Curve的火车的玩具商店里甚至都没有摆出Learning Curve的轨道。（Id．）Learning Curve曾经用了几个月的时间去做一些使得它的轨道可以与Brio的轨道相区分的工作，但是没有成功。

在详细说明了Learning Curve的现有轨道存在的问题之后，Abraham询问Clausi，是否存在将他的轨道与Brio的轨道“相区分的方法”。（Trial Tr. at 86）Clausi立刻回答他“曾经有机会看了轨道并在最近几天对此有点想法”，并且他的想法就是“是否轨道可以更逼真并具有更多功能，这样孩子们更愿意玩这些轨道，同时也给了玩具商经销这些轨道的理由，尤其如果这些轨道与Brio的轨道看上去是不同的情况下”（Id. at 87）。Clausi进一步解释说，如果轨道“发出嘈杂声并且看上去就像是真的火车轨道，那么商店就不会有任何问题，Thomas的槽路生产线、产品线就会有自己的不同的轨道”，并且能够“有效地与Brio竞争”。（Id）. Abraham和Wilson表示他们对Clausi的想法非常感兴趣，并询问他“发出嘈杂声”的含义是什么。（Id.）

Clausi 决定向 Abraham 和 Wilson 准确地展示他的意思。Clausi 从桌子上拿起了一块 Learning Curve 的现有轨道，沿着轨道画了几条线（每条线大约 3/4 英寸），并示意说："我们用车床加工一些正好穿过上方的沟槽……这样看起来就像是火车轨道，此外向下用车床加工一些小锯齿以使其看起来和听起来更像火车轨道。向前行进时沿轨道滚动并砰砰地撞击。"（Trial Tr. at 255）接下来 Clausi 把 Borsato 叫进了会议室并让他在木头上刻一些"从木头表面大约 1/4 英寸深"的槽。（Id. at 88）Borsato 离开了会议室并按照 Clausi 的要求去做，在三四分钟之后拿着刻好槽的轨道返回了房间。Clausi 拿着一个火车玩具，让它在这个刻好槽的轨道上来来回回地行进。这个轨道看上去比以前更逼真了，但是由于槽不够深，因此没有制造出噪声。接着，Clausi 让 Borsato 在刻槽的时候"更深一点，以使得它们可以延伸到铁轨。"（Id.）Borsato 又按照 Clausi 的要求去做，并在几分钟之后拿着刻好槽的轨道返回会议室。Clausi 再次在轨道上来来回回地跑火车。这一次轨道发出了"咔哒咔嗒"［ * * 10］的声音，但是火车不能在轨道上平稳地行进，因为槽刻得"有点太深了。"［ * 719］（Id. at 258）基于轨道产生的声音，Clausi 告诉 Abraham 和 Moore，如果 PlayWood 与 Learning Curve 签订了制造轨道的合同，可以将该轨道命名为"咔哒咔嗒轨道"。（Id. at 89）

Abraham 和 Wilson 都表明 Clausi 在轨道上刻槽以制造咔哒声的想法是一个新概念。之后，Wilson 和 Clausi 开始讨论他们如何改进这个想法以使得火车可以在轨道上平稳地行进。但是 Abraham 打断了他们的讨论并声明："不要继续了，回到我们的焦点。你们应该首先得到基本产品的合同，接着我们才能讨论新产品，因为……（我们的许可方）需要很长的时间批准新产品和新设计。"（Trial Tr. at 89）

之后，会议很快就结束了，没有进一步讨论 Clausi 的制造噪声的轨道的概念。Wilson 在离开之前，在双方继续他们的讨论时，向 Clausi 提出他是否可以拿走一段 Borsato 刻过槽的轨道。Clausi 没有犹豫就给了 Wilson 一段轨道。这段轨道［ * * 11］是 Abraham 和 Wilson 从会议带走的唯一东西。Clausi 和 Moore 没有向 Wilson 索要带走轨道的收据，也没有索要书面保护协议来保护 PlayWood 宣称的商业秘密。会议之后，Clausi 修改了与 Borsato 签订的保密协定，以确保会议中讨论的材料都能够保密。Clausi 也把他在会议中得到的 Learning Curve 的很多文件都加盖了印章以示保密，因为这些文件包括了一些尚未对公众展示的产品的信息。PlayWood 从来没有向任何人公开过 Learning Curve 这些文件中的内容。

1993 年 3 月，PlayWood 和 Learning Curve 分别在三个不同场合进行会面，

以进一步讨论 PlayWood 制造 Learning Curve Thomas 产品的可能性。在一次会议中，应 Learning Curve 的要求，PlayWood 提交了一份对于 Thomas 产品的生产建议书。Learning Curve 拒绝了这份建议书，并告诉 Clausi，许可方希望 Thomas 产品在美国生产。

之后，PlayWood 再没有和 Learning Curve 联系过。直到 1993 年 10 月下旬，由于 Learning Curve 的第二供应商没有提供足够的产品，Abraham 才联系 Clausi 以讨论另一个可能的生产合同。再一次，PlayWood 应 Learning Curve 的要求提交了一份生产建议书，但是该建议书也被拒绝了。Learning Curve 后来说明他的新商业合伙人决定在中国制造产品。

Clausi 和 Moore 继续其在 PlayWood 的玩具理念方面的工作。1994 年的纽约玩具展览会上，PlayWood 并没有获得特别的成功。之后，Clausi 和 Moore 开始将注意力关注在努力改进 PlayWood 的产生噪声的轨道的概念上。在这段时间，Clausi 和 Moore 没有试图将这个概念许可或者卖给其他的玩具公司，因为他们认为如果能够将这个概念完美化，PlayWood 仍然"有机会得到"与 Learning Curve 合作的机会，同时他们也认为他们受到保密协议的约束（Trial Tr. at 267）。

1994 年 12 月，当 Moore 购进额外的轨道以用来做实验的时候，他发现 Learning Curve 正在销售名为"咔哒咔嗒轨道"的产生噪声的轨道（Clickety Clack Track TM）。正如在 1993 年 2 月 18 日 PlayWood 和 Learning Curve 举行会议期间 Clausi 和 Moore 所刻的槽那样，"咔哒咔嗒轨道"具有刻入木头中的多条平行的槽，这使得在火车轮子滚过这些槽时，会发出一种"咔哒"的声音。Learning Curve 是这样推广他的新型轨道的：

这是自木制火车玩具出现之后对于轨道的最重要的创新……这显然是近来出现的木制火车玩具行业中最新和最令人兴奋的一大发展，它当然会在市场上引起轰动……它给没有鸣叫声、汽笛声、电子声音芯片和移动部件的虚假的孩子们的世界中带来了真实的火车的声音和感觉。

PlayWood 的（Tr. Ex. 71.）

Moore 看到轨道时大吃一惊，因为他认为 Learning Curve 偷窃了 PlayWood 的概念（Trial Tr. at 268.）。他作证说："这是我们的想法。这是我们一直到那一天都在持续进行的工作以得到与 Learning Curve 合作的机会，然而这件事一直被搁置。"（Id.）Moore 购买了一包咔哒咔嗒轨道并把它拿给 Clausi 看。Clausi 作证说当他看到轨道时他非常失望，因为他认为 Learning Curve "几乎是完全按照（他们的）在 1993 年 2 月 18 日的会谈"，使用了 PlayWood 的命名和设计概念。

PlayWood 迅速给 Learning Curve 写了一个终止和停止函。函中谴责 Learning Curve 偷窃了 PlayWood 关于噪声制造轨道的概念，该概念是 PlayWood 在“有保密要求的生产协议书中”透露给 Learning Curve 的。（PlayWood Tr. Ex. 66 at 1）Learning Curve 回应说他将寻求通过确认判决来证明他拥有相关概念。

之前，在 1994 年 3 月 16 日，Learning Curve 申请了关于制造噪声轨道的专利，该专利请求保护一种轨道，该轨道在铁轨上具有附加的平行的压痕或沟槽，以使得在火车轮子滚过时发出“咔哒”的声音。该专利于 1995 年 10 月 3 日获得授权，该专利所记载的发明人是 Roy Wilson。

“咔哒咔嗒轨道”给 Learning Curve 的销售额带来了巨大的增长。2000 年第一季度，Learning Curve 销售轨道的销售额是两千万美元，销售轨道和附件的销售额达到了四千万美元。

B. 地方法院的审理

Learning Curve 回应 PlayWood，他将寻求通过确认判决证明他拥有相关噪声制造玩具铁路轨道，即”咔哒咔嗒轨道”的概念。PlayWood 反诉 Learning Curve 和他的代表人，Roy Wilson、Harry Abraham 和 John Lee。PlayWood 宣称他拥有相关概念，Learning Curve 盗用了他的商业秘密。[注释 1] Learning Curve 自愿选择放弃了确认式法律救济的诉请，[*721] PlayWood 对于商业秘密侵占的诉求进入审判程序。陪审团给出一个有利于 PlayWood 的判决。初审法院拒绝根据陪审团的判决进行判断，并要求双方当事人就 Learning Curve 的规则 50 动议简要陈述事实，该动议中的争论点在于：根据伊利诺伊商业秘密法案，（765 ILCS 1065/1 et seq ）PlayWood 是否拥有可保护的商业秘密。地区法院认为 PlayWood 没有提供充足的证据，以此为由批准了 Learning Curve 的动议（R. 202）。地区法院明确地认定，根据伊利诺伊州法律，PlayWood 不具有对于噪声制造玩具铁路轨道的概念的商业秘密，原因在于：（1）PlayWood 没有证明该概念在工业中是未知的；（2）PlayWood 的概念可以容易地通过正确的手段来获得或效仿；（3）PlayWood 没有做好对自己概念的保密工作；（4）PlayWood 的概念没有商业价值；（5）PlayWood 没有付出时间、努力和金钱去发展自己的概念（Id.）。

[注释 1] 在其修正后的反诉中，PlayWood 宣称了 8 条起诉缘由：（1）事实上的默示合同；（2）准契约；（3）想法的盗用；（4）根据伊利诺伊州消费者欺骗和欺诈商业行为法案（815 ILCS 505/1 *et seq*），构成欺骗和欺诈商业行为；（5）根据伊利诺伊州商业秘密法案，（765 ILCS 1065/1 *et seq*）构成商业秘密的侵占；（6）根据 Lanham 法案 § 44（b）和 15 U. S. C. § 1126，构成不合理竞争；（7）根据 Lanham 法案 § 43（a）和 15 U. S. C. § 1125，构成不合

理竞争；以及（8）根据统一欺骗贸易行为法案（815 ILCS § 510/1 *et seq.* R. 35），构成商业欺骗行为。基于不具有商业秘密，地区法院通过简易判决程序驳回了 PlayWood 的所有诉由。PlayWood 对于审理上述诉由的简易判决未提出上诉。

Ⅱ

讨论

A 商业秘密状态

注意到证据对 Play Wood 很有利，我们重新审视地区法院准予 Learning Curve 就法律问题再审动议的决定（Veach v. Sheeks，316 F. 3d 690，692（7th Cir. 2003））。"我们不应二次评判陪审团关于抗辩证据的观点；合适的调查是，考虑所有的证据，PlayWood 是否提交了充足证据，使得一个公正理性的陪审团能够据其得出有利于它的结论。"（David v. Caterpillar，Inc.，324 F. 3d 851，858（7th Cir. 2003））

当事人同意他们的争议受伊利诺斯州商业秘密法（以下简称"法律"）（765 ILCS 1065/1 et seq.）管辖。为了支持依该法提出的侵犯商业秘密请求，原告必须表明：争议的信息是商业秘密；它被侵犯并被被告在商业经营中使用（参见 Composite Marine Propellers，Inc. v. Van Der Woude，962 F. 2d 1263，1265 - 1266（7th Cir. 1992）（per curiam）；Southwest Whey，Inc. v. Nutrition 101，Inc.，117 F. Supp. 2d 770，775 - 776（N. D. Ill. 2000）；［＊＊18］Magellan Int'l. Corp. v. Salzgitter Handel GmbH.，76 F. Supp. 2d 919，926（N. D. Ill. 1999））。目前我们面对的问题是，是否有充分的法定证据使陪审团发现 PlayWood 拥有产生噪声的玩具铁路轨道这一概念的商业秘密，该秘密在 1993 年 2 月 18 日透露给 Learning Curve。

该法律定义商业秘密为：

信息，包括但不限于，技术或非技术资料、公式、式样、汇编、程序、装置、方法、技法、绘图、工艺、财务资料，或实际或潜在的客户或供应商的名单，这些信息：

是因不被他人周知而足以能获得实际或潜在经济价值的秘密，他人能从它的公开或使用中获得经济价值；并且

在特定环境下采取了合理的努力进行了保密（765 ILCS 1065/2（d））。该法律的两项法定要求从根本上聚焦在被寻求保护的信息的秘密性。（Mangren Research & Dev. Corp. v. Nat'l Chem. Co.，Inc.，87 F. 3d 937，942（7th Cir. 1996）；［＊＊19］Computer Care v. Serv. Sys. Enters.，Inc.，982 F. 2d 1063，1072（7th Cir. 1992）；Pope v. Alberto - Culver［＊722］Co.，296 Ill. App. 3d

512，694 N. E. 2d 615，617，230 Ill. Dec. 646（Ill. App. Ct. 1998）；Stampede Tool Warehouse，Inc. v. May，272 Ill. App. 3d 580，651 N. E. 2d 209，215，209 Ill. Dec. 281（Ill. App. Ct. 1995）；Serv. Ctrs. of Chicago，Inc. v. Minogue，180 Ill. App. 3d 447，535 N. E. 2d 1132，1136，129 Ill. Dec. 367（Ill. App. Ct. 1989）.）然而，这两项要求强调了秘密性的不同方面。第一项要求是该信息足够秘密并因其相对的秘密性产生经济价值，“对于行业内周知或理解的信息，即使不为一般公众所知，也不能给予商业秘密保护”。（Pope，694 N. E. 2d at 617）第二项要求，原告应采取合理的努力去维护信息的秘密性，是为了避免没有采取积极措施防止他人使用其所拥有信息的原告得到商业秘密保护。（Jackson v. Hammer，274 Ill. App. 3d 59，653 N. E. 2d 809，816，210 Ill. Dec. 614（Ill. App. Ct. 1995））［＊＊20］（法律要求原告应采取‘积极措施’防止他人使用该信息。）

尽管该法律用上述两项条件明确定义了商业秘密，但是伊利诺斯依州法院在判断是否存在商业秘密时常常参考判例法中的六个要素（出自民事侵权法的法律重述（第1版）的第757条）：（1）该信息在原告的业务之外被了解的程度；（2）该信息被参与原告业务的雇员和其他人了解的程度；（3）原告为保护该信息的秘密性所采取措施的程度；（4）该信息对原告业务和其竞争者的价值；（5）原告在开发该信息时所付出时间、精力和资金的多少；以及（6）该信息被他人完全获得或复制的难易度。（Delta Med. Sys. v. Mid－America Med. Sys.，Inc.，331 Ill. App. 3d 777，772 N. E. 2d 768，780，265 Ill. Dec. 397（Ill. App. Ct. 2002）；Stampede Tool Warehouse，651 N. E. 2d at 215－216；George S. May Int'l Co. v. Int'l Profit Assocs，256 Ill. App. 3d 779，628 N. E. 2d 647，653，195 Ill. Dec. 183（Ill. App. Ct. 1993）；［＊＊21］也参见 C&F Packing Co.，Inc. v. IBP，Inc.，224 F. 3d 1296，1302（Fed. Cir. 2000）（适用伊利诺伊州法））

与 Learning Curve 的争辩相反，我们不认为前述六要素是六步检验法，其中任一因素证据的缺失都会影响商业秘密保护的认定。替代的，我们将判例法的这些因素认为是依法判定商业秘密是否存在的指导性规程。法律条文本身没有提到这些因素是对商业秘密状态的独立要求，并且伊利诺伊州的案例法也没有强加这类要求，以至于每个因素都侧重有利于原告。（ILG Indus.，Inc. v. Scott，49 Ill. 2d 88，273 N. E. 2d 393，396（Ill. 1971））（给出一个适用于所有情况的商业秘密的确切定义是不可能的。在判定给出的信息是否是某人的商业秘密时，需要考虑的一些因素是法律重述中列举的六个要素。）在这个方面，伊利诺伊州的法律规定与其他州的方法是一致的。来自不同诉讼管辖权的法院以及法律学者［＊＊22］都已经注意到，法律重述中的要素并不是作为必不可少的要素清单来适用的。（例如，Basic American，Inc. v. Shatila，133 Idaho 726，992 P. 2d 175，184（Idaho 1999）；Minuteman，Inc. v. Alexander，147 Wis. 2d 842，434 N. W. 2d 773，778（Wis. 1989）；2 Gregory E. Upchurch，Intellectual Property Litigation Guide：Patents & Trade Secrets §16. 02，［＊723］at 16 – 17 to 16 – 18（2002））（整体上，这些要素是正确认定商业秘密存在的指南，而不是条件清单）

商业秘密的存在通常是个事实问题。［注释2］正如联邦第五巡回上诉法院的同事们敏锐观察到的，商业秘密“是法律上定义时最难以描述和困难的概念之一。”（Lear Siegler，Inc. v. Ark – Ell Springs，Inc.，569 F. 2d 286，288（5th Cir. 1978））在许多案子中，商业秘密是否存在不是显而易见的，它需要对全部相关状况的反复评估。因此，某些信息是否构成商业秘密的问题通常最好由“各方充分举证后由事实认定者决定。”（Id. at 289.）［＊＊23］我们不认为地区法院充分留意了这些原则。事实上，地区法院将法律重述中的要素看作必需要素，并且用它的判断替代了陪审团的判断。PlayWood 提交了令陪审团得出合理结论的充足证据：法律重述的要素利于 PlayWood。

［注释2］参见 Nilssen v. Motorola，Inc.，963 F. Supp. 644，675（N. D. Ill. 1997）（适用伊利诺伊州法）；也参见 Penalty Kick Mgmt. Ltd. v. Coca Cola Co.，318 F. 3d 1284，1291（11th Cir. 2003）（适用乔治亚州法）；Pate v. Nat'l Fund Raising Consultants，Inc.，20 F. 3d 341，344（8th Cir. 1994）（适用科罗拉多州法）；Chevron U. S. A. Inc. v. Roxen Serv.，Inc.，813 F. 2d 26，29（2d Cir. 1987）（适用纽约州法）；1 Melvin F. Jager，Trade Secrets Law §5. 2，at 5 – 3（2002）；2 Gregory E. Upchurch，Intellectual Property Litigation Guide：Patents & Trade Secrets §16. 03，at 16 – 18（2002）.

1. ［＊＊24］PlayWood 的产生噪声的玩具铁路轨道的概念在其业务外被了解的程度

PlayWood 提交了实质性证据，由此陪审团能够认定 PlayWood 的产生噪声的玩具铁路轨道的概念在其业务外不是周知的。审理中无争议的是，在 PlayWood 首先构思该概念1年多后的1994年后期，Learning Curve 投放 Clickety – Clack Track TM 前，市场上没有类似的轨道。当然，正如 Learning Curve 准确指出的那样，“仅仅作为特定信息的第一或唯一使用者，其本身并不能自动地将其他一般知识转化为商业秘密。”（George S. May Int'l，628 N. E. 2d at 654.）“如果那样，不管信息怎样普通或公知，第一个使用它的人将能借商业秘密的幌子占为已有。”（Serv. Ctrs.，535 N. E. 2d at 1137.）然而该案中，有附加的证据能使陪审团认定PlayWood的概念不是本行业周知的。

首先，有确凿的证据［＊＊25］，Learning Curve曾在数月中试图将竞争者的轨道与它的轨道区别开，但没能成功。

其次，PlayWood的专家证人，Michael Kennedy做证说，正如Clickety－Clack Track TM产品所体现的，PlayWood的构思是独一无二的，这使得“它的销售商有别于其他制造普通产品的众多竞争者。”（Trial Tr. at 518）Kennedy解释说，这个轨道从视觉、听觉和感觉上使它不同于其他的玩具铁路轨道：“当一个孩子在这个轨道上跑火车时，他能感觉到它敲打那些小压痕。当你与小孩们交流时会有这想法，他们能看到以前不曾看到的东西［＊＊724］，感受到以前不曾感到的东西，听到以前不曾听到的东西，这正是该玩具不同于其他竞争者的地方。”（Id. at 489.）

最后，PlayWood提交证据，Learning Curve请求并获得一项有关产生噪声的轨道专利。它没有说专利与商业秘密保护的必要条件含义不同。不像“一个可专利性［＊＊26］的发明，商业秘密不需要是新颖的或非显而易见。”（2 Rudolf Callmann，The Law of Unfair Competition，Trademarks and Monopolies §14.15，at 14－124（4th ed. 2003））“这个主意不需要复杂；它可能自身简单并仍然值得作为一个秘密，除非它是公知常识，因而属于公有领域。”（Forest Labs，Inc. v. Pillsbury Co.，452 F.2d 621，624（7th Cir. 1971））然而，一般认为“如果一个发明足够新颖，能给予专利保护，那它更可以说可给予商业秘密保护。”（1 Roger M. Milgrim，Milgrim on Trade Secrets §1.08［1］，at 1－353（2002））依据该证据，我们不能接受Learning Curve关于“理性的陪审团不会认定PlayWood的概念在其业务外是未知的”抗辩。

2. PlayWood的概念被参与其业务的雇员和其他人了解的程度

地区法院没有提到PlayWood的概念被参与其业务的雇员和其他人了解的程度。［＊＊27］然而，我们同意PlayWood就确立它的产生噪声的轨道概念仅被业务活动中关键人物知道的证据是充分的。

从开始我们就注意到PlayWood是一个小公司，仅由Clausi和Moore组成。伊利诺伊州的法院已经多次认可，人们对于大公司和小公司在采取保密措施方面的预期是不同的（参见Jackson，653 N. E. 2d at 815）（确定什么措施对于保护信息是合理需要的，对大公司和小公司是不同的）；（Elmer Miller，Inc. v. Landis，253 Ill. App. 3d 129，625 N. E. 2d 338，342，192 Ill. Dec. 378（Ill. App. Ct. 1993））（对一个两三人商店的合理步骤是不同于一个大公司采取的合理措施的）除了Clausi（PlayWood的唯一玩具设计师和产生噪声的轨道概念的构思者）和Moore（PlayWood的唯一工作人员和管理者），唯一知道该概念的人是 Borsato，其在 Clausi 的指导下制造了 PlayWood 的实物原型品。PlayWood 为了完善其商业秘密，该概念披露给 Borsato［＊＊28］（参见 1 Roger M. Milgrim，Milgrim on Trade Secrets § 1.04，at 1－173（2002））（商业秘密不会因被秘密地披露给代理商或雇员而失去其性质，没有它们的帮助，该秘密不会产生任何价值）此外，Borsato 的行为受到与 PlayWood 的书面保密协议约束。确实，作为特别预防措施，为了确保会见时讨论的材料保持秘密性，Clausi 还在 1993 年 2 月 18 日会见后立刻修订了 PlayWood 与 Borsato 的保密协议。陪审团能从该证据合理地确定这项因素也是利于 PlayWood。［＊725］

3. PlayWood 为保护其概念的秘密性所采取的措施

也有充分的证据让陪审团确定 PlayWood 采取了合理的预防措施保护其概念的秘密性。法律要求商业秘密的拥有者"根据特定环境条件采取合理的行为保护其商业秘密的秘密性或机密性"；不要求完美。［＊＊29］（765 ILCS 1065/2（d）（2））商业秘密拥有者所采取措施是否充分满足法律合理性的标准，通常属于陪审团决定的事实问题。［注释 3］确实，我们先前已经认可，"只是在特别案例中，才能确定什么是'合理的'预防措施［被认为是法律问题］，因为答案依赖于因案而异的成本和收益平衡。"（Rockwell Graphic Sys.，Inc. v. DEV Indus.，Inc.，925 F. 2d 174，179（7th Cir. 1991）.）

［注释 3］参见 Mangren Research & Dev. Corp. v. Nat'l Chem. Co.，Inc.，87 F. 3d 937，943（7th Cir. 1996）；Rockwell Graphic Sys.，Inc. v. DEV Indus.，Inc.，925 F. 2d 174，179（7th Cir. 1991）；还参见 1 Roger M. Milgrim，Milgrim on Trade Secrets § 1.04，at 1－170（2002）；2 Rudolf Callmann，The Law of Unfair Competition，Trademarks and Monopolies § 14.26，at 14－209（4th ed. 2003）.

在此，陪审团被告知，它必须"根据证据优势原则［＊＊30］，查明 PlayWood 基于双方的保密关系将商业秘密提供给 Learning Curve。"（Trial Tr. at 1449）如果要得出一个有利于 PlayWood 的裁决，陪审团需要确认 Learning Curve 对 PlayWood 存在保密协议的约束。陪审团的判定完全被证据支持。Clausi 和 Moore 都证实他们在 1993 年 2 月 18 日与 Abraham 和 Wilson 开始讨论前，与其达成了口头保密协议。特别是，Clausi 证实他告诉 Abraham 和 Wilson："我还有一些如何制备轨道和火车的想法，是我最近几天想到的，我认为它们也是保密的。因此，如果我们对此都同意，我们就继续。"（Trial Tr. at 77）除了这份证言外，陪审团听到，Learning Curve 在 2 月 18 日会面时，向 PlayWood 披露了实质性信息，包括各种产品的预计产量、成本和利润率，还有仍未对公众公开的玩具图纸。陪审团推断 Learning Curve 在没有保密协议的情况下不会披露这些信息［＊＊31］。最后，陪审团还听到（从几个 Learning Curve 的前商业伙伴）Learning Curve 惯常达成像与 PlayWood 这样的口头保密协议。

PlayWood 确实应为保护它的秘密做得更多。正如 Learning Curve 指出的，PlayWood 没有先得到 Learning Curve 的收据或书面保密协议就将唯一的产生噪声的轨道原型给了 Wilson，这个决定事后证明是不明智的。然而我们认为陪审团有权得出结论，在该案的情况下，PlayWood 对口头保密协议的信赖是合理的。［注释4］首先，我们都公认，“保密关系的形成赋予信息接受者在最大程度上维护所接受信息秘密性的责任”和“非授权使用或披露他人的商业秘密构成民事侵权被诉的基础”［＊726］。（Burten v. Milton Bradley Co.，763 F. 2d 461，463（1st Cir. 1985））其次，Clausi 和 Moore 都证实，他们认为 PlayWood 有了一个切实的［＊＊32］机会“搭上了”Learning Curve 来生产该概念产品，作为 Learning Curve 的 Thomas 产品线的一部分。Clausi 和 Moore 没有预见到 Learning Curve 会违背口头保密协议并未经许可使用 PlayWood 的构思；相反地，他们善意地相信，“他们将来有一天会就这个设计构思与 Learning Curve 做生意”。（Trial Tr. at 236－237）最后，我们认为，作为合理性调查的一部分，陪审团已经考虑了当事人的规模和辩解，还有相关行业。PlayWood 和 Learning Curve 都是小玩具公司，并且 PlayWood 是二者中较小和经验较少的公司。审视这些更有利于 PlayWood 的证据，所以我们确定，我们断定有充分的证据使陪审团确定 PlayWood 采取了合理措施保护其构思的秘密性。

［注释4］我们重申，在我们的独立审判中，我们应当关注的不是我们是否认为 PlayWood 采取了合理预防措施维护其概念的秘密性，相反地，问题是 PlayWood 的“未采取更多措施的缺失是否构成对商业秘密所有者需做合理努力以维护秘密性的义务的违反”且足以推翻陪审团作出的对其有利的裁决。（Rockwell，925 F. 2d at 177）

［＊＊33］

4. 所述构思对 PlayWood 和其竞争者的价值

业已存在大量的证据，陪审团据此认为 PlayWood 的构思对 PlayWood 和其竞争者都是有价值的。审理中无争议的是，Learning Curve 的销售额在开始销售 Clickety－Clack Track TM 后猛增。另外，PlayWood 的专家证人，Michael Kennedy 证明 PlayWood 的产生噪声的轨道概念有巨大的价值。Kennedy 证明“轨道表面的交叉和变化”给销售商以价值，使该轨道“看上去、感觉上和听起来与一般轨道不同。”（Trial Tr. at 504）Kennedy 进一步证明，以他的观点，该轨道可能已经通过协商许可协议获取了高额的使用费，因为“该发明使销售商不同于正生产一般轨道的众多竞争者，以独占和排他的方式下与它们竞争，并给销售商优于其竞争者显著的竞争优势。”（Id. at 518 - 519.）

尽管有这些证据，地区法院仍断定 PlayWood 的构思没有经济价值［＊＊34］。法院结论部分基于 PlayWood 的原型不能完美工作这一事实，正如法院提到的，第一组交叉太浅不能出声，第二组交叉太深使火车不能在轨道上平滑滚动。在地区法院看来，尽管木轨道上切槽产生噪声的概念源自 Clausi，然而它缺少价值，直到它被 Learning Curve 改善、发展和制造。

我们不能接受地区法院的结论，因为它被证据证明是错误的。审理中，Kennedy 被问到，在他的观点里，PlayWood 的原型不能完美工作这一事实是否影响 PlayWood 概念的价值，而他证明不会。（Trial Tr. at 578）Kennedy 证明他认为 PlayWood 在 1993 年 2 月 18 日构思的想法与作为 Clickety - Clack Track TM 的完成品有同样的价值，因为在那时，他已知“诸多设计［＊727］已经被完成，他只需稍稍改进使它切实可行。”（Id. ［＊＊35］ at 578.）Kennedy 进一步证明，在工业上基于原型（很像 PlayWood 披露给 Learning Curve 的那个）而不是完成品的协商许可是标准惯例，并且该许可通常涵盖原型设计，还有这些设计的一些强化或改进。（参见 Trial Tr. at 500 - 501.）［注释 5］基于这份证言，我们不能接受地区法院认为 PlayWood 构思不具有任何经济价值的结论。

［注释 5］特别地，Kennedy 证明：

Q：现在，当你在 Tyco 从事玩具业务时，当有人为你带来发明或商业秘密时，这些发明会是如我们看到的被告完全经抛光和加工过的，如物证 9［Clickety - Clack Track］那样吗？

A：在与发明人会面时，我曾看到看上去相当粗糙的玩具。我曾看到很显然是手工制作的玩具。我曾看到具有裂纹、接缝及拼合的玩具，而在制造玩具上时你不希望看到这些。当然那是真的，因此答案是：当你会见发明人时，你不会看到最终产品。你看到的是最初产品或产品的原型。

Q：现在，某人为许可的目的，将原型品作为公开、秘密、发明拿给你时，对你来说它是原型还是制成品有很大的关系吗？

A：不需要，因为取决于谁将制作它，这在那时是不确定的。它取决于制作的难度，这在那时是不确定的。如果我们知道它制作简单，那是有帮助的。如果我们知道制作成本多少是有帮助的。但你不会总是知道那些。

Q：当那种发明被许可给你的时候，你的意愿仅是被许可给你的这件原型吗？

A：不。我认为我在玩具行业协商的每一个许可协议都包括原型设计。它包括在此设计基础上的强化和改善，无论是由发明人制作还是由生产商制作。

它包括一些被称为产品线延伸的东西，即将该发明转化为玩具，而这可能不是发明应用的第一想法。它包括那些东西的全部。

(Trial Tr. at 499 - 501)

[* *36]

依据伊利诺伊州的法律，PlayWood 没在其商业经营中使用该构思没有任何关系。“正确的判定标准不是‘实际使用’而是该商业秘密是否对公司‘有价值’”（Syntex Ophthalmics, Inc. v. Tsuetaki, 701 F.2d 677, 683 (7th Cir. 1983)）。[注释 6] Kennedy 的证言充分，足以使陪审团认定该概念对 PlayWood“有价值”。同样无关的是，PlayWood 没就该概念申请专利。只要这种概念保持秘密性，即处于公有领域之外，就无须寻求专利保护。Milgrim 教授明确该观点：“既然每个发明人有权利对其发明保密，那做出可专利发明的人就有保持发明秘密性的选择权，其依靠商业秘密［*728］而不是依靠授予专利权进行保护。”(1 Roger M. Milgrim, Milgrim on Trade Secrets §1.08 [1], at 1 - 353 (2002)) 是 PlayWood，而不是地区法院决定何时、怎样将该构思公之于众。

［注释 6］统一商业秘密法与《反不正当竞争法重述》（第 3 版）都明确拒绝将对主张信息权利的人须在先使用该信息作为商业秘密保护的先决条件。(See Unit Trade Secrets Act § 1 cmt (1990))（在提案中较宽的定义将保护延伸到没有机会或未能获得应用商业秘密方法的原告）；(Restatement (Third) of Unfair Competition §39 cmt . e (1995))（在这部分描述的规则下，对主张信息权利的人使用信息不是保护的先决条件，”部分因为“这种要素会否定研发期间的保护并且对那些没有能力开发他们创意的创新者是特别的负担。)

[* *37]

5. PlayWood 在开发该构思时所付出的时间、精力和资金的量

PlayWood 开发它的构思的时间和资金并不多。依据 Clausi 自己的账目，PlayWood 的成本不足 1 美金，所花时间不足半小时。地区法院判定，“如此小的投入……作为一个伊利诺伊州法律问题不足以确立‘商业秘密’的地位。”(R. 202 at 16.) 我们认为，地区法院过度考量了开发该轨道所用的时间、精力和费用。[注释 7]

[注释 7] 作为一个代表，Milgrim 教授反对将开发成本作为条件。

当考虑成本时，通常都认为它相对于其他可确定的因素如秘密性来说，是附带性的。由于人们公认，商业秘密是可以被偶然发现的（所以，无成本开发）或纯粹来自创新型设备的运用，那将开发商业秘密的成本当作起作用的实质因素就显得有点矛盾了。

（参见 1 Roger M. Milgrim, Milgrim on Trade Secrets §1.02 [2], at 1 - 146 &

1-150（2002））

［＊＊38］

尽管伊利诺伊州的法院通常将法律重述中的因素视为确定是否存在商业秘密的指南，正如我们先前阐述的那样，依据伊利诺伊州的法律，必要的法定调查是：（1）该信息是否“足够秘密，能从其不被其他人（能因其公开或使用而获利）周知而获得现实或潜在的经济价值”；和（2）该信息是否“属于根据特定环境条件采取了合理努力保持其秘密性或机密性的主题。”（765ILCS 1065/2（d）.）在生产信息时花费大量的时间和/或资金可以作为有价值的证据，它是与上述第一条调查相关的。然而我们不明白伊利诺伊州的法律在所有案件中都要求这样的花费。

正如地区法院指出的那样，几件伊利诺伊州的案件强调了开发成本的重要性。然而，明显地，那些案件中没有一件涉及这件案子所具有的这种新颖性和创造性的概念。的确，那几件强调开发成本的伊利诺伊州案件涉及数据的汇编，如消费者名单。［注释8］在那种情况下［＊＊39］，要求大量时间和资金的花费［＊729］才是合理的，因为所声称的商业秘密毫无原创或创新。我们推测，如果花费足够的时间和资金，原告的竞争者能汇编出相似的名单。

［注释8］例如参见 Delta Med. Sys. v. Mid-America Med. Sys., Inc., 331 Ill. App. 3d 777, 772 N.E.2d 768, 781, 265 Ill. Dec. 397（Ill. App. Ct. 2002）;（Delta 在审理时没有提交有关获得其消费者名单所花费精力的证据。）; Strata Mktg., Inc. v. Murphy, 317 Ill. App. 3d 1054, 740 N.E.2d 1166, 1177, 251 Ill. Dec. 595（Ill. App. Ct. 2000）（Strata 的消费者名单，它声称花费了巨大的精力、时间和资金汇编，可认为是商业秘密。）; Stampede Tool Warehouse, Inc. v. May, 272 Ill. App. 3d 580, 651N.E.2d 209, 216, 209 Ill. Dec. 281（Ill. App. Ct. 1995）（消费者名单是通过艰苦的探查方法逐步形成的，这需要 Stampede 花费大量的时间、精力和资金）; Springfield Rare Coin Galleries, Inc. v. Mileham, 250 Ill. App. 3d 922, 620 N.E.2d 479, 485, 189 Ill. Dec. 511（Ill. App. Ct. 1993）（依据伊利诺伊州的法律，消费者名单和其他消费者信息只有在该信息被雇主在巨大花费下发展多年且绝对保密下才构成秘密信息）; Abbott-Interfast Corp. v. Harkabus, 250 Ill. App. 3d 13, 619 N.E.2d 1337, 1344, 189 Ill. Dec. 288（Ill. App. Ct. 1993）（像消费者名单、定价信息和经营技巧的事项，如果雇主在巨大花费下发展多年且该信息绝对保密下，才能是商业秘密。）; Prudential Ins. Co. of America v. Van Matre, 158 Ill. App. 3d 298, 511 N.E.2d 740, 745, 110 Ill. Dec. 563（Ill. App. Ct. 1987）（消费者名单或其他消费者信息，当雇主巨大花费下发展多年且保持对该信息严密地保管起

来，则雇主享有保护的利益构成商业秘密）

[* *40]

刚好相反，我们正处理一个已经改进的新的玩具设计，作为自木头火车系统开始以来轨道设计的首次重大革新。PlayWood 是 Tr. Ex. 71. 玩具设计者，像许多艺术从业者，具有直觉的创新闪念。直觉的闪念在现实中经常是艺术工艺中早期想法和实践的产品。我们看不到 PlayWood 概念的价值在任何方面与 Clausi 花费数月及数千美元创造的产生噪声的轨道有怎样的不同。据此我们断定，PlayWood 在此因素上缺少证据并不能排除商业秘密的存在。

6. PlayWood 的概念被他人完全获得或复制的难易度

最后，我们也相信有足够的证据让陪审团认定，PlayWood 的概念不容易通过适当的方法获得或复制。PlayWood 的专家证人 Michael Kennedy 证明："如果你看到它，这是一个相当简单的产品。但事实是不像它初期的那样简单[* *41]，因为它提供了感觉、声音和外观。它确实比你能想象的要精妙些。"（Trial Tr. at 504）除了 Kennedy 的证言外，陪审团听到，在 Clausi 公开 PlayWood 的产生噪声的轨道概念前，Learning Curve 花费数月尝试将其轨道与 Brio 的轨道区别开。从这一证据中，陪审团能推断，如果 PlayWood 的概念真是显而易见，那么 Learning Curve 早会想到它。

尽管证据表明"PlayWood 已经成功生产和销售该凹槽轨道，轨道产品外观本身完全体现 PlayWood 那时声称作为秘密的概念，地区法院断定因为 PlayWood 的概念容易被复制，所以它不是商业秘密。"（R. 202 at 5 - 6.）当然，地区法院在某种意义上是正确的；PlayWood 自己的专家承认，缺少专利和版权的保护，该轨道只是通过看看就能被反向工程设计。（参见 Trial Tr. at 562。）然而，地区法院没有重视 PlayWood 的概念不是公开可得的这一事实。正如 Milgrim 教授所说："当产品销售时，将公开包含在产品中的商业秘密，与产品一起被销售，通过检查、分析或反向工程可能发现包含在产品中的'商业秘密'之间存在有效的[* *42]差别。"（参见 1 Roger M. Milgrim, Milgrim on Trade Secrets §1.05 [4], at 1 - 228（2002））。"直到销售才公开，商业秘密应给予保护。"（同样地；也参见 2 Rudolf Callmann, The Law of Unfair Competition, Trademarks and Monopolies §14.15, at 14 - 123（4th ed. 2003））（秘密被知道后容易复制这一事实不妨碍其知道之前是商业[*730]秘密）反向工程能使商业秘密诉求无效，但只有产品能被他人适当地获得时，像本案中产品公开销售时。因此，PlayWood 在保密关系条件下向 Learning Curve（并仅向 Learning Curve）披露其概念；Learning Curve 没有法定授权对收到的保密原型品进行反向工程。（参见 Laff v. John O. Butler Co., 64 Ill. App. 3d 603,

381 N. E. 2d 423, 433, 21 Ill. Dec. 314（Ill. App. Ct. 1978））［＊＊43］（商业秘密对那些不受保密关系或与秘密所有者合约所约束的人开放，他们通过合法手段能发现秘密）据此我们一定得出，陪审团有权确定 PlayWood 的概念不容易通过适当的方法获得或复制。

B. 惩罚性损害赔偿

如果存在“故意和恶意侵权”，伊利诺伊州商业秘密法允许惩罚性损害赔偿是损失补偿额的两倍。(765 ILCS 1065/4（b））因为地区法院结束争论前准予 Learning Curve 就该事项对法律问题的判决提出动议，故就惩罚性损害赔偿没有对陪审团提供指导。(参见 Trial Tr. at 1355）PlayWood 主张应允许陪审团判定 Learning Curve 在切实看到和听到玩具火车轨道中故意侵犯 PlayWood 的商业秘密行为给予惩罚性损害赔偿是否是合理的。(参见 Medow v. Flavin, 336 Ill. App. 3d 20, 782 N. E. 2d 733, 746, 270 Ill. Dec. 174（Ill. App. Ct. 2002））(一般说来，“被告［＊＊44］的行为是否足够故意或不道德，裁决惩罚性损害赔偿这一问题是陪审团决定”)(引用 Schmidt v. Ameritech Illinois, 329 Ill. App. 3d 1020, 768 N. E. 2d 303, 263 Ill. Dec. 543（Ill. App. Ct. 2002））。

没有伊利诺伊州的案件依法解释“故意和恶意侵权”的短语。然而我们先前已经裁定，该短语包括“故意侵权以及意识到漠视他人权利导致的侵权。”(Mangren Research & Dev. Corp. v. Nat'l Chem. Co. , Inc. , 87 F. 3d 937, 946（7th Cir. 1996)；也参见 Lucini Italia Co. v. Grappolini, 2003 U. S. Dist. LEXIS 7134, No. 01C 6405, 2003 WL 1989605, at ＊19（N. D. Ill. Apr. 28, 2003)；RKI, Inc. v. Grimes, 177 F. Supp. 2d 859, 879（N. D. Ill. 2001)；Richardson Elecs. , Ltd. v. Avnet, Inc. , 1999 U. S. Dist. LEXIS 1138, No. 98 C 5095, 1999 WL 59976, at ＊5（N. D. Ill. Feb. 6, 1999))；参见 Roton Barrier, Inc. v. Stanley Works, 79 F. 3d 1112, 1120（Fed. Cir. 1996)(裁决当被告的动机是竞争而不是［＊＊45］恶意时，惩罚性损害赔偿依法不被认可)。

［注释9］在其他情况下，伊利诺伊州的法院通常裁决，“当通过欺骗、实际恶意、预谋暴力或胁迫实施侵权时，或当被告行为故意或因重大过失表明肆意漠视他人权利时，可以裁定惩罚性损害赔偿”。(Kelsay v. Motorola, Inc. , 74 Ill. App. 2d 172, 384 N. E. 2d 353, 359 23 Ill. Dec. 559（Ill. 1978)；也参见 Medow v. Flavin, 336 Ill. App. 3d 20, 782 N. E. 2d 733, 747, 270 Ill. Dec. 174（Ill. App. Ct. 2002)；Tucker v. Illinois Power Co. , 232 Ill. App. 3d 15, 597 N. E. 2d 220, 231, 173 Ill. Dec. 512（Ill. App. Ct. 1992）.)

我们赞同 PlayWood，理性的陪审团能确定该案适用惩罚性损害赔偿。特别是，我们相信，理性的陪审团能确定 Learning Curve 故意侵犯 PlayWood 产生噪声的轨道的商业秘密并试图通过制造［＊＊46］在先独立开发的假证掩盖侵权行为。据此，我们将该案发回到地区法院［＊731］重审，并指令判定就惩罚性损害赔偿进行陪审团审理。［注释10］我们将PlayWood的律师费要求留给地区法院重审考虑。（参见765 ILCS 1065/5（iii））（当“故意和恶意侵权存在”时，同意法院判给胜诉方合理的律师费）。

［注释10］我们拒绝考虑PlayWood申辩，即依Daubert v. Merrell Dow Pharmaceuticals, Inc., 509 U.S. 579, 125 L. Ed. 2d 469, 113 S. Ct. 2786（1993），地区法院错在排除PlayWood墨迹专家的证言，即在Lee的“百天记事”中有关产生噪声的轨道的手书记录与其他手书记录不是同期所写。联邦上诉程序细则的第10（b）（2）条规定，“如果上诉人在上诉时企图争辩没有证据支持或与证据相反的调查结果或结论，那么上诉人必须给出有关该调查结果或结论的所有证据副本档案。”（Fed. R. App. P. 10（b）（2））PlayWood没有要求Daubert审理的副本包含在上诉时的档案中。结果我们无法评估地区法院是否错在排除PlayWood墨迹专家的证言；因此，PlayWood丧失了该项申辩。（参见Hotaling v. Chubb Sovereign Life Ins. Co., 241 F. 3d 572, 581（7th. Cir. 2001）；LaFollette v. Savage, 63 F. 3d 540, 545（7th. Cir. 1995）；Wilson v. Electro Marine Sys., Inc., 915 F. 2d 1110, 1117（7th. Cir. 1990））我们认识到，作为对丧失的一种替代，依据联邦上诉程序细则的第10（e）条，我们有权要求PlayWood补充含有Daubert审理的档案。（参见Fed. R. App. P. 10（e）. 也参见LaFollette, 63 F. 3d at 545.）然而，因为PlayWood“有很多机会纠正该问题，但没有做”，故我们拒绝在该案中行使该权力。（LaFollette, 63 F. 3d at 545.）Learning Curve在答辩状中指出，Daubert审理不是上诉档案的一部分。（参见Appellees' Br. at 41）（没有参考任何Daubert审理时引入的证据，PlayWood使该法院并依据该审理后提交的专家证言推翻初审法院的裁决。确实，PlayWood庭前在档案中没有包含审理副本。）尽管注意到Learning Curve反驳了档案的不全，PlayWood没有尝试补充档案或解释为什么审理副本对进行有意义的上诉复审不是必需的。

［＊＊47］

结论

基于前述原因，地区法院的判决被推翻，陪审团的裁决被恢复。案子发回地区法院重审，陪审团审理惩罚性损害赔偿和法院考虑律师费。PlayWood能在法院取得诉讼费用。

撤销并发回重申。

附录 C

可能成为商业秘密内容的清单

研发	**Research & Development**
算法	Algorithms
分析数据	Analytical Data
蓝图	Blueprints
计算	Calculations
化工工艺	Chemical Processes
化合物	Compounds
保密的内部信息标示符	Confidential Internal Identifiers for Information
数据对象定义	Data Object Definitions
数据对象模型	Data Object Models
数据结构	Data Structures
设计数据和设计手册	Design Data and Design Manuals
图表 – 全类型	Diagrams – All Types
图 – 全类型	Drawings – All Types
工程和技术说明书	Engineering and Technical Specifications
工程计划	Engineering Plans
实验和实验数据	Experiments and Experimental Data
流程图	Flow Charts
公式	Formulas

人机接口原型	Human - Machine Interface Prototypes
发明	Inventions
实验室笔记	Laboratory Notebooks
产品制备所需的组分清单	Lists of Components Needed to Make Products
数学和逻辑公式	Mathematical and Logical Formulas
测量	Measurements
机械工艺	Mechanical Processes
模型	Models
物理工艺	Physical Processes
计划	Plans
工艺	Processes
产品设计	Product Designs
产品样机	Product Prototypes
专有方程	Proprietary Equations
有关研发的专有信息	Proprietary Information Concerning Research and Development
专有技术信息	Proprietary Technology Information
样机	Prototypes
研发诀窍和负面诀窍（即：什么不能起作用）	R & D Know - How and Negative Know - How (i. e., what does not work)
研发报告 - 全类型	R & D Reports - All Types
配方	Recipes
研究和开发计划	Research and Development Programs
科学研发步骤	Scientific Research and Development Procedures
屏幕设计原型	Screen Design Prototypes
软件开发方法	Software Development Methodologies
软件原型	Software Prototypes

源代码	Source Code
定量决策模型的说明	Specifications for Quantitative Decision - Making Models
结构图	Structure Charts
标识	Symbols
系统设计	System Designs
系统接口设计	System Interface Designs
技术计划	Technical Plans
测试记录	Test Records
热力学过程	Thermodynamic Processes
销售商/供应商信息	Vendor/Supplier Information
产品工作或实验模型	Working or Experimental Models of Products
生产/工艺信息	**Production/Process Information**
算法	Algorithms
控制图	Control Diagrams
成本/价格数据	Cost/Price Data
设计	Designs
工程计划	Engineering Plans
流程图	Flow Charts
人为因素工程信息	Human Factors Engineering Information
生产系统内部组成	Internal Components of manufacturing Systems
内部软件应用程序	Internal Software Utilities
产品制备所需的组分清单	Lists of Components Needed to Make Products
生产工艺	Manufacturing Processes
平均故障间隔时间的分析	Mean Time between Failure Analysis
测量	Measurements

模型	Models
问题解决流程	Problem Resolution Procedures
问题解决记录	Problem Resolution Records
工艺/制备技术	Process/Manufacturing Technology
产品生命周期	Product Life Cycle
生产诀窍和负面诀窍	Production Know – How & Negative Know – How
专有的计算机运行时程序库	Proprietary Computer Run – Time Libraries
专有的计算机软件	Proprietary Computer Software
专有的装置和机器	Proprietary Devices and Machines
涉及生产/工艺专有的信息	Proprietary Information Concerning Production/Processes
质量保证信息	Quality Assurance Information
质量控制信息	Quality Control Information
定量分析	Quantitative Analyses
定量决策方法	Quantitative Decision – Making Techniques
软件开发方法	Software Development Methodologies
软件工程信息	Software Engineering Information
源代码	Source Code
特殊的生产机器	Special Production Machinery
生产工艺和机器的具体要求	Specification for Production Processes and Machinery
说明书	Specifications
定量决策模型的说明	Specifications for Quantitative Decision – Making Models
统计分析	Statistical Analyses
统计模型技术	Statistical Modeling Techniques

统计模型	Statistical Models
系统集成计划	Systems Integration Plans
测试计划	Test Plans
测试记录	Test Records
工具	Tools
销售商/供应商信息	**Vendor/Supplier Information**
成本/价格数据	Cost/Price Data
销售商和供应商信息	Vendor and Supplier Information
质量控制信息	**Quality Control Information**
售后服务方法	Customer Service Methods
环境分析	Environmental Analysis
涉及质量控制的信息	Information Concerning Quality Control
维护数据	Maintenance Data
维护规程	Maintenance Instructions
维护诀窍和负面诀窍	Maintenance Know – How & Negative Know – How
维护流程	Maintenance Procedures
预防性维护方法	Preventive Maintenance Methods
问题解决流程	Problem Resolution Procedures
原型设计流程	Prototyping Procedures
质量保证和控制方法	Quality Assurance and Control Methods
质量控制手册	Quality Control Manuals
质量控制流程	Quality Control Procedures
质量控制记录	Quality Control Records
定量决策方法	Quantitative Decision – Making Techniques
软件开发方法	Software Development Methodologies

软件开发流程	Software Development Procedures
统计模型技术	Statistical Modeling Techniques
技术支持流程	Technical Support Procedures
测试计划	Test Plans
测试记录	Test Records
测试方法	Testing Methodologies
测试流程	Testing Procedures
工具	Tools
培训方法	Training Methods
故障检修和排除的规则	Troubleshooting and Debugging Formulas

销售和市场信息	**Sales & Marketing Information**
竞争分析	Competitive Analyses
竞争情报信息	Competitive Intelligence Information
客户开发周期	Customer Development Cycle
客户信息	Customer Information
客户需求和购买习惯	Customer Needs and Buying Habits
客户服务流程	Customer Service Procedures
估价方案	Estimation Formulas
中心小组数据	Focus Group Data
目前经济因素的内部分析	Internal Analysis of Current Economic Factors
有关客户信心管理的诀窍	Know – How Concerning the Management of Customer Confidence
市场分析	Market Analyses
市场调查结果	Market Survey Results
营销和促销计划	Marketing and Sales Promotion Plans
销售规划	Marketing Plans

销售方法 Marketing Techniques

获得更大市场份额的方法 Methods for Obtaining Greater Market Share

产品寿命周期 Product Life Cycle

产品定价规则和方法 Product Pricing Formulas and Methods

专有客户名单 Proprietary Customer Lists

有关客户的专有信息 Proprietary Information Concerning Customers

有关销售和市场的专有信息 Proprietary Information Concerning Sales & Marketing

销售和市场的专有研究和报告 Proprietary Sales and Marketing Studies and Reports

销售财政报告 Sales Call Reports

销售预测技术 Sales Forecasting Techniques

销售技术 Sales Techniques

战略联盟信息 Strategic Alliance Information

供求模型 Supply and Demand Models

内部财务信息 Internal Financial Information

资产负债表 Balance Sheets

银行记录 Bank Records

预算 Budgets

商务规划技术 Business Planning Techniques

现金流分析 Cash Flow Analysis

现金管理流程 Cash Management Procedures

现金管理技术 Cash Management Techniques

计算机打印输出 Computer Printouts

成本收益分析 Cost/Benefit Analyses

雇员补偿金系统 Employee Compensation Systems

企业模型化技术	Enterprise Modeling Techniques
估价方案	Estimation Formulas
预测	Forecasts
总财务计划	General Financial Plans
收入和费用表	Income and Expense Statements
目前经济因素的内部分析	Internal Analysis of Current Economic Factors
项目经济因素的内部分析	Internal Analysis of Projected Economic Factors
内部记账记录	Internal Bookkeeping Records
内部资金单据	Internal Financial Documents
投资记录	Investment Records
投资战略	Investment Strategies
投资技术	Investment Techniques
管理方法	Management Methods
市场分析	Market Analyses
营业报告	Operating Reports
产品成本	Product Costs
产品利润	Product Margins
产品定价规则和方法	Product Pricing Formulas and Methods
损益表	Profit and Loss Statements
利润计划	Profit Plans
专有管理信息	Proprietary Administrative Information
专有财务信息	Proprietary Financial Information
定量和统计分析	Quantitative and Statistical Analyses
销售预测	Sales Forecasts
销售额	Sales Quotas
供求模型	Supply and Demand Models

经济因素的分析技术	Techniques for Analyzing Economic Factors
内部行政管理信息	**Internal Administrative Information**
商务计划	Business Plans
现金管理流程	Cash Management Procedures
客户代码	Customer Codes
决策表和树	Decision Tables and Trees
雇员补偿程序	Employee Compensation Programs
雇员补偿金系统	Employee Compensation Systems
雇员激励程序	Employee Incentive Programs
雇员建议程序	Employee Suggestion Programs
流程图	Flow Charts
人力资源政策	Human Resources Policies
实施计划	Implementation Plans
工业代码	Industry Codes
项目经济因素内部分析	Internal Analysis of Projected Economic Factors
内部记账记录	Internal Bookkeeping Records
内部计算机软件	Internal Computer Software
内部管理政策	Internal Management Policies
内部组织	Internal Organization
内部组织图	Internal Organization Charts
投资规划	Investment Programs
投资记录	Investment Records
投资战略	Investment Strategies
核心决策者	Key Decision Makers
管理方法	Management Methods

管理计划	Management Plans
销售计划	Marketing Plans
获得更大市场份额的方法	Methods for Obtaining Greater Market Share
部件号码	Part Numbers
部件和设备更新程序	Parts and Equipment Replacement Programs
产品码	Product Codes
产品定价方法	Product Pricing Methods
项目规划系统	Project Planning Systems
用于结算账目的专有的账户组织表	Proprietary Charts of Accounts for Accounting
质量保证和控制程序	Quality Assurance and Control Programs
定量决策方法	Quantitative Decision – Making Techniques
定量决策模型的说明	Specifications for Quantitative Decision – Making Models
统计模型技术	Statistical Modeling Techniques
战略联盟信息	Strategic Alliance Information
战略商务计划	Strategic Business Plans
战略依法规划技术	Strategic Legal Planning Techniques
结构图	Structure Charts
核心雇员继任计划	Succession Plan for Key Employees
供求模型	Supply and Demand Models
培训计划	Training Plans
培训程序	Training Programs
销售商和供应商代码	Vendor and Supplier Codes
销售商和供应商信息	Vendor and Supplier Information

附录D

不公开和保密协议样本

鉴于，决定愿意以开发、生产、销售和/或合资经营为目的，【你的名字】同意提供____________有关想法、发明或产品的一些保密信息；

鉴于，____________同意观察、检验、检查或得到这些保密信息仅是出于上述目的，并另外依据协议条款保持这些信息的秘密。

已知，【你的名字】已经或将提供____________一些保密信息并进而在下述条件下同意____________有权讨论或会见【你的名字】的代表：

____________同意在信任和保密义务下持有保密或专有信息或商业秘密（“保密信息”），并且同意它仅用于预定目的，不会用于任何其他目的或披露给任何第三方。

没有【你的名字】的许可，所提供的任何书面信息或原型不得复制或保留。

在任何讨论完成时或依【你的名字】的要求，所有保密信息，包括原型、书面笔记、照片、草图、模型、所做的备忘录或记录，将交还与【你的名字】。

保密信息不得披露给任何雇员、顾问或第三方，除非他们同意执行和遵守协议条款并获得【你的名字】的许可。

该协议及其合法性、解释和效力受伊利诺伊州的法律管辖。

同意和接受为：

证人：____________

名字：____________

日期：____________

名字：____________

【你的名字】

日期：____________

附录 E

雇员商业秘密离职会谈样表

我承认下面签名的【公司】专利部门代表与我进行了离职会谈。

会谈中，我再次阅读了对保护公司商业秘密与专有及保密信息的雇佣义务，包括但不限于以下物证 A 附属的各类信息。在此我承认并保证，如果我对特定信息项是否被认为是【公司】的商业秘密或保密或专有信息有任何疑虑，我同意保持这些信息的秘密，在没有【公司】书面明示同意时不会为我个人利益或他人利益公开或使用这些信息。

我还承认和保证，我已交回所有【公司】档案和书面文件、研究笔记、数据、草图、分析、财务、客户或销售信息、战略商务计划、商业化方法、产品实施计划、合同和诸如此类的全部复印件，不论是手工的还是电子存储的。

我也承认和保证，在我所有物、保管物或控制物下没有这些信息的复印件、副本、草图、上传、下载或复制品。

日期：____________

证人：____________

雇员：____________

社会保障号：____________

【公司名称】

由：____________

关于作者

马克·R. 哈里根是一位出庭辩护律师和 Welsh & Katz 有限公司芝加哥知识产权事务所的负责人并在芝加哥马歇尔法学院讲授高级商业秘密法和商业秘密诉讼课程。

哈里根先生被普遍认为是商业秘密法和 1996 年版经济间谍法方面的国内领先专家，并且从 1994 年他就在网上主办了商业秘密主页。

哈里根先生在商业秘密法和 1996 年版经济间谍法领域进行广泛演说和著作出版发行，其作品在大量出版物和广播中被引用，包括《华盛顿邮报》《美国联合通讯社》《时代周刊》《今日美国》、CNN 和《克瑞思芝加哥商业周刊》。他担任多种专业职务，包括芝加哥知识产权法律协会会长，现今他第二次担任美国律师协会商业秘密委员会主席。

哈里根先生在 1975 年，以优异成绩获得辛辛那提大学的艺术学士学位，1978 年获得西北大学法学院法学博士学位。

哈里根先生是美国律师基金会特别会员和美国律师协会、国际知识产权保护协会、美国知识产权法律协会、知识产权所有者协会、芝加哥知识产权法律协会、许可实施协会及智慧竞争专业协会的成员。

理查德·F. 韦加德是商业秘密经营公司的总裁。该公司正开发自动发现、盘存、评估及跟踪商业秘密知识产权资产的管理方法和软件工具。

韦加德先生在大量商业秘密案件中作证言技术专家，涉及计算机、通信技术和物理，并且他是专门研究商业秘密案件中电子证据的计算机法庭的审查官。

韦加德先生拥有 30 年计算机行业从业经验，曾在很多公司的研究、开发、质量保证、应用支持、销售和管理职位就职。从 1992 年开始，他为遍布美国的宽泛多样的通信和设备公司提供咨询服务。

韦加德先生在 1975 年从伊利诺伊大学乌尔班纳－香巴尾分校以优异成绩获得物理科学学士学位，并在 1977 年从伊利诺伊大学乌尔班纳－香巴尾分校获得物理科学硕士学位。他还在芝加哥大学商学院完成了相关专业的研究生学习。

韦加德先生也是电工和电子工程师协会成员。